KB065736

공부를 즐겁게 하려는
학생들을 위한 심리 수업

_____ 님

님은 지금부터 시작하면 그 무엇이라도 할 수 있는 사람입니다.

늘 사랑합니다!

늘 응원합니다!

〈공부를 즐겁게 하려는 학생들을 위한 심리 수업〉에

저의 마음을 담습니다.

공부를 즐겁게 하려는
학생들을 위한 심리 수업

김종환 지음

신나는 공부의 확신을 주는
따뜻한 심리 이야기

2학기편

북루덴스

이 책을 읽고 저에 대한 믿음을
가지게 되었습니다

신＊주(중3)

제가 이번에 읽은 책은『공부에 지친 학생들을 위한 심리 수업』입니다. 처음엔 '그냥 책이겠지' 하면서 책을 읽었는데, 정말 재미있었습니다.

제가 왜 이 책을 좋아하는지 그 이유를 알려드리겠습니다.

저는 공부를 못합니다.

공부를 못하면, 저 같은 사람들은 자신을 미워합니다.

'나는 실패작이야!'라고 생각합니다.

이렇게 자존감이 낮은 제가 제대로 된 마음을 먹을 수 있도록 큰 영향을 준 4가지 주제가 있었습니다.

- 적응하기 - 접근 동기에 대해서 명확히 알게 되어 긍정적인 동기부여가 가능했습니다.
- 차분하게 생각하기 - 현재 나의 위치를 있는 그대로 받아들이고 올라갈 일만 남았다고 다짐하게 되었습니다.
- 새롭게 다시 적응 수업 - 불안함은 열심히 노력하고 있다는 증거라고 생각하고 마음을 다잡았습니다.
- 자신감을 주는 수업 - 저에게 맞는 방법이 무엇인지 고민했고, 꽤 명확하게 알 수 있게 되었습니다.

이처럼 이 책을 통해, 제 스스로를 파악하고 더 나아질 수 있다는 믿음을 가지게 되었습니다.

이 책은 저에게 공부를
지속 가능하게 하는 길잡이입니다

—

이＊완(고1)

나는 처음에 심리특강이라는 온라인 수업이 있는지도 몰랐다. 공부에는 심리가 큰 영향을 끼치지 않는다고 생각해 왔기 때문이었던 것 같다. 하지만 학원에서 김종환 심리 선생님의 강의를 들어보고서 심리특강에 대한 흥미가 생겼고 더욱 궁금해졌다. 나는 첫 시험에 큰 부담을 느끼고 많이 힘들어했었는데 그 시기에 우연치않게 김종환 선생님의『공부에 지친 학생들을 위한 심리 수업』이라는 책을 읽게 되었다.

이 책은 입시를 하는 데 있어 멘탈의 중요성을 깨닫게 해줌과 동시에 멘탈을 바로잡게 해주는, 공부에 자신감이 붙도록 해주는 그런 책인 것 같다. 실제로 이 책은 공부를 시작할 때 가져야 할 마음가짐과 공부를 지속 가능하게 해주는 여러 가지 멘탈 관리법, 불안감을 해소하고 자신감을 가지는 법 등등 학생들에게 정말로 필요한 내용이 담겨있어 어떤 학생이든 읽으면 많은 것들을 새롭게 깨닫게 되고 공부에 방향이 잡힐 수 있겠다고 생각했다.

나도 실제로 첫 시험을 앞두고 심적으로 너무 힘들었고 자존감이 떨어지고 있었다. 그렇지만 나는 그 당시 이 책을 읽고 마음의 위안을 얻고 나도 할 수 있다는 자신감이 생겨 공부를 계속할 수 있었던 것 같다. 특히 <나를 사랑하는 방법을 찾는 것부터>라는 부분에서 떨어지고 있는 나의 자존감을 되찾고, <구체적 동기로>라는 부분을 읽고 구체적 동기의 중요성과 필요성을 깨닫고 구체적 동기를 세움으로써 공부를 계속할 수 있게 되었다.

난 처음엔 이 책이 나에게 큰 도움은 주지 못할 것으로 생각했지만 누구보다 도움을 많이 받은 것 같다. 왜 이제야 이 책을 읽게 되었는지 아쉬움이 들기도 한다. 이 책은 무식하게 공부만 하던 나에게 공부를 지속 가능하게 할 수 있도록 해주는 길잡이가 되어준 것 같다. 또 나와 같이 공부를 하며 심적으로 힘들어하는 친구들에게 충분히 추천할 만한 가치가 있다고 생각한다.

낮은 자존감과 불안에 휩싸인 저와 같은 학생이 있다면, 이 책을 꼭 읽어보세요

—

김＊우(고2)

막연한 두려움과 설렘으로 출발했던 고등학교 첫해부터 지금까지, 저는 늘 제가 투자한 시간과 노력에 비해 만족스럽게 나오지 못하는 결과에 항상 낮은 자존감과 불안에 휩싸여 있었습니다.

마음처럼 되는 일은 없고, 해야 할 일은 산더미인데, 시간은 늘 너무나 촉박하고 몸은 지쳐가, 근근이 버티며 지내고 있었습니다. 결국 이를 무마하고자 스스로 많은 핑계를 둘러대며 어찌 보면 떼를 쓰고 싶었지만, 이는 결국 같은 결과의 반복만을 야기할 뿐이었습니다.

이때 접하게 된 김종환 선생님의 현장 특강과 책을 통한 말씀은 저를 성찰케 하는 중요한 계기가 되었습니다. 항상 무미건조하게 느껴왔던 저에 대한 자존감과 늘 의심만으로 가득했던 자신감에 단단하고 생기가 돌도록 말입니다. 보통의 학생들은 이러한 자신의 불안과 불신을 남에게 드러내려 하지 않고 스스로 삭히는 경우가 많습니다. 그럼 또 자기 자신에 대한 자존감과 자신감이 낮아지게 되는 악순환의 굴레를 벗어나지 못하죠. 이는 저 또한 마찬가지였습니다.

이때 김종환 선생님께서 책을 통해 전하고자 하셨던 메시지는 저에게 그간 품었던 무거운 근심과 불안, 불신을 잠시 내려놓고 저 자신에 대하여 좀 더 집중하고 돌아보며 낮아진 자존감과 자신감을 더 높이고 단단히 할 수 있도록 하는 발판이 되어주었습니다.

저처럼 하루하루 불안해하고 낮은 자존감과 자신감 없이 힘든 시기를 보내고 있는 학생들이 있으면, 이 책을 통해 위안과 힘이 되는 메시지를 전달받으셨으면 좋겠습니다.

'어제의 나'와
'오늘의 나'의 의미

—

김＊윤(고3)

나는 이 책을 읽고 공부하면서 가장 중요한 것이 자존감이라는 생각이 들었다. 자존감이 높아야 내가 공부를 해야 하는 이유를 찾을 수 있고 스스로 동기부여가 되어서 지치지 않고 열심히 공부를 할 수 있기 때문이다. 그리고 평소에 나는, 나와 다른 사람을 비교하며 스스로 자존감이 떨어뜨리고 스트레스를 받았었다. 하지만 이 책에서 비교는 '어제의 나'와 '오늘의 나'를 비교해야 한다는 구절을 읽고 '오늘의 나'가 더 나은 존재가 되었다는 것, 성장했다라는 것을 의미하기 때문에 앞으로 스스로 자존감을 깎아내리는 일을 하지 말아야겠다는 생각이 들었다. 나를 발전시키는 것도 '나'이며, 발목 잡는 것도 '나'라는 것을 잘 알게 되었다. 힘든 수험 생활이지만, 조금은 덜 힘들게 조금은 웃으며 수험 생활을 이겨낼 힘을 준 감사한 책이다.

이 책은 학생들을 위한
심리 수업의 끝판왕입니다

정신교육.

동기부여.

쓴소리.

학원계 이른바 '대강사'들에게는 수강생들에게 잘 먹히는
자기만의 '정신교육'이 있다.

듣고 있자면, 감탄이 절로 나오고, 저런 이야기를 해야 수강
생이 늘어나는 것인지 정말 따라 하고 싶어진다.

수업에 들어가면 집중을 못하거나, 졸거나, 무기력한 아이
들이 보인다.

며칠 전 들었던 대강사의 정신교육을 그럴싸하게 포장하여 이야기해 본다.

그다지 수강생들에게 동기부여 효과가 없다.

왜일까?

이런 상황에서 많은 학원강사들이 당혹스러움을 느낀다.

학원을 운영하는 입장에서도 끊임없이 학부모님께 듣는 이야기가 있다.

"우리 아이 공부 동기부여 좀 시켜주세요"이다.

'말을 물가로 끌고 갈 수는 있어도 억지로 물을 마시게는 할 수 없다'라는 말을 하면서, 동기부여는 원장으로서 할 수 없는 영역이라고 생각하며 애써 외면해왔다.

그렇게 억지로 물가로 끌려온 말들이, 김종환 선생님을 경험하고 난 후, 스스로 즐겁게 물을 마시기 시작한다. 하나같이 이렇게 이야기하면서.

"어떻게 마음먹고 공부해야 할지 알 것 같아요."

"이제 제 마음이 왜 힘든지, 어떻게 극복해야 할지 알 것 같아요."

학생들은 왜 이런 말을 할까?

김종환 선생님의 강의와 책에는 '듣고 싶은 말' '들어야 하는 말'이 함께 있기 때문이다.

듣는 이에게 '듣고 싶은 말'만 있다면, 들을 땐 좋으나, 실제 마음가짐이나 행동의 변화는 없을 것이다. 따라서, 공허하고 실용적이지 못하다.

'들어야 하는 말'만 들었을 때, 좋은 이야기인 것은 알겠으나, 마음으로 와닿지 않으니, 그냥 흘러가는 잔소리에 불과할 뿐이다.

학생들에게 어떤 말을 왜, 언제, 어떻게 해야 할까?
그에 대한 모든 해답이 있는 책이다.

힘들긴 힘든데, 왜 힘든지 모르는 학생!
내 이야기가 학생들에게 왜 전달이 안 되는지 궁금한 강사!
우리 아이가 왜 힘들어하고 어떤 이야기를 해줘야 할지 답답한 학부모!
인생을 어느 정도 알 것 같지만, 아직도 본인의 삶의 동기는 부족한 어른들!
이 모두에게 이 책은 실용적인 지침서이자 그리고 본인의 마음을 되돌아보는 좋은 계기가 될 것이다.

이 책을 조금만
더 일찍 써줬다면…

좋은 친구이자 동료인 김종환 선생의 책을 읽기 전 마음가짐을 다시 잡아보려고 했다. 친구나 동료의 글로 읽지 않기를 바라는 마음에서라고 하면 될 것 같다. 10년이 넘는 기간을 친구로 지내면서 서로에게 좋은 모습, 그렇지 못한 모습도 많이 보였을 텐데 사심이 개입되면 책에서 하고자 하는 것들을 제대로 읽어내지 못할 것 같다는 생각이 들었다.

재수생들을 많이 상대하는 입장에서 학생들의 고민을 들어주고 해결해 줘야 하는 건 나도 비슷하기도 했다. 그중에서 나름의 경험에서 나오는 답이라고 학생들을 윽박지르기도 하고 타이르기도 했던 기억이 있다. 생각해 보면 이는 내가 답을 잘 모르거나 설명하지 못하는 상황이었기 때문이었을 것이다. 그럴 때마다 김종환 선생에게 물어보고 조언을 구하면서 들었던 얘기들도 책 중간중간 보이는 게 재밌기도 하고 신기했다.

어려운 심리 용어나 이론들을 쉽게 설명해 주고 본인과 주변의 얘기들을 같이 엮어서인지 편하게 읽혀나갔고 공감하기가 쉬운 책이었다. 나도 17년 차 강사 생활을 하면서 여러 학생들과 상담을 해왔었다. 때마다 학생들의 질문과 상담 내용들이 달라지는데 그에 대한 답을 주는 것이 생각보다 어렵다고 느낄 때가 많다. 이 책을 이 친구가 조금만 더 일찍 써줬다면 내 강사 생활이 훨씬 더 편했을(?) 것 같다는 생각이 든다.

이 책에는 아이들의 마음을 덜어줄 수 있는 마법이 들어있습니다

부모가 자식에게 교육을 강조하는 본질적인 이유는 자식의 성공 또는 자식의 행복이라 생각합니다. 그로 인해 우리 사회는 아이들에게 너무나 많은 배움의 무게를 지게 하는 거 같아서 안타까운 마음이 컸습니다. 행복하게 살기 바라는 부모의 마음이 담긴 책이 김종환 선생님의 『공부에 지친 학생들을 위한 심리 수업』이라고 생각합니다.

이 책에는 가진 무게보다 더 큰 무게를 지고 있는 아이들의 마음을 조금이라도 덜어줄 수 있는 마법이 들어있습니다.

타인과의 비교로 자신을 괴롭히지 말고 자신과의 비교로 더 나은 삶을 살아가게끔 방향을 제시해 줍니다.

인간이 살아가는 원동력이 되는 동기부여!

이 책에서는 여러 종류의 동기부여에 대해 설명하고 심리적으로 더욱 안정적인 동기부여 방법을 제시합니다.

인생에는 답이 없습니다. 우리 아이들의 미래 역시 부모들도 알지 못합니다.

그래서인지 공부에 지친 학생들을 위한 자녀들에게 학습에 영향을 주는 여러 가지 심리와 관련된 스트레스에 대한 올바른 답을 제시하는 동시에 부모님들에게는 학업에 관련된 스트레스 부분을 보다 이해하고 공감하여 자녀들을 대하는 올바른 방향을 제공합니다.

이 책을 부모님들에게 꼭 추천합니다.

이 책은 아이들의 마음이 꺾이지 않게, 작은 목표부터 해나가는 방법과 이유까지 설명해 줍니다

아이들에게 이 책을 보여 주기 위해 먼저 읽어 보았습니다.

이 책은 학생뿐만 아니라 부모에게도 좋은 지침서입니다.

마치 부모가 걸음마를 막 뗀 아이의 손을 잡고 아이가 용기 내어 걸을 수 있게끔 지켜봐 주는 부모의 마음과 닮았습니다.

아이가 넘어졌을 때 "괜찮아 할 수 있어"라고 하면 아이는 다시 일어나 걷습니다.

부모가 잡아주니까요.

용기를 주니까요.

이렇듯 이 책의 선생님은 아이들의 마음이 꺾이지 않게 하도록 아주 작은 목표부터 차근차근히 해나가는 방법과 이유까지 설명해 주었습니다.

그 작은 성공이 아이들의 마음에 긍정의 씨앗을 뿌리고 자라게 합니다.

마음먹기 나름이라는 말이 있는데 선생님의 글은 사람의 마음 역시 단련하면 강해질 수 있다고 말해주며, 거기에다가 선생님의 작은 성공으로 이루어 낸 경험이 묻어나 있어 더욱 이해와 공감을 해줍니다.

지금 시대의 아이들에게 필요한 것이 이런 따뜻하면서도 현실적인 아이들에게 맞는 방법이 아닐까, 생각해 봅니다.

"미루는 습관을 지닌 사람들에게 여러 가지 특징이 있는데
그중에 대표적인 것이 오늘의 나는 게으르지만,
내일의 나는 성실할 것이라는 착각이다."

『공부에 지친 학생들을 위한 심리 수업』을 출간하고서 독자로부터 가장 많이 받은 단어는 '자존감'이었습니다. 그렇습니다. 공부에 지친 학생들을 위로하고, 그들로 하여금 다시 앞으로 한 걸음 더 나가게 하는 힘은 '자신을 지치지 않고 사랑하는 힘', 바로 자존감입니다.

이번에 출간하는『공부를 즐겁게 하려는 학생들을 위한 심리 수업』의 키워드 역시 '자존감'입니다. 왜냐하면 학생들이 자신을 믿고, 자신을 사랑해야만 수험 생활을 이겨낼 수 있기 때문입니다.

이번에 출간하는『공부를 즐겁게 하려는 학생들을 위한 심리 수업』은 고3 수험생과 재수생 그리고 고2, 고1을 위한 책입니다.

8월에서 11월에 이르기까지 학생들이, 그 시기에 당면할 수 있는 여러 상황과 내면의 고민에 맞춰, 학생들의 마음 관리를 위한 심리 전략을 이야기 형식으로 서술했습니다.

8월은 학생들이 자신의 공부를 점검해야 하는 시기입니다. 구체적으로 수험생은 현재 공부의 상태, 성적, 진도 등을 점검하고 자신의 심리 전략 키워드를 '중심'으로 설정해야 합니다.

다시 시작한다는 마음으로 평정심을 유지하며 공부에 새롭게 집중하는 시기입니다.

9월은 자신을 긍정적으로 다루는 방법을 찾는 기간입니다. 주요한 심리 전략 키워드는 '웃음'입니다.

10월은 공부에서 스스로 즐거움을 찾는 시기이며, 학생들에게 응원이 필요한 시기입니다. 다가올 시험이 고통과 시련의 관문이 아니라 '나의 미래'를 실현하고 꿈을 찾아가는 입구이기 때문입니다. 키워드는 '즐거움'입니다.

11월은 불안과 긴장의 시간이 아니라 자신감으로 하루하루를 다지는 시기입니다. 키워드는 '자신감'입니다.

『공부를 즐겁게 하려는 학생들을 위한 심리 수업』이 국내 최초의 학생들을 위한 심리학습서로서 학생들의 공부를 더 안정적으로, 더 진취적으로 이끌어 줄 것이라 확신합니다.

고맙습니다.

차례

8월

지금, 내 모습은 어떤가요?

9월

지금,
마음껏 웃어보세요

10월 지금, 신나게 공부하기

지금, 다시 자신감으로

11월

8월

지금, 내 모습은 어떤가요?

첫째 주
현재의 나를 인정하는 수업

8월은 중심 잡는 시간으로 〈중심〉

나의 중심은 어떻게 잡아야 할까요?

첫 번째 자신의 환경을 바꾸어 보는 겁니다.

여기서 이야기하는 환경을 바꾸라는 것은 '학교를 바꾸세요. 학원을 바꾸세요' 같이 큰일을 이야기하는 것이 아닙니다. 일상의 무료함, 즉 같은 패턴의 반복이 슬럼프의 이유가 되기도 합니다. 패턴을 바꾸어 보는 것도 하나의 환경을 바꾸는 것입니다.

자신의 계획표에서

1교시 국어

2교시 수학

3교시 영어

이러한 패턴으로 줄곧 해왔다면 1교시를 수학이나 영어로 바꾸는 것을 추천합니다.

그리고 자신의 계획에서 해보지 않았던 것도 추천합니다.

두 번째, 힘들다면 쉼이 필요합니다.

시험 날짜가 이제 몇 개월 남지 않았습니다. 자연스럽게 학원에서는 그 얼마 남지 않은 시간으로 D-DAY를 적기 시작합니다. 매일 매일 바뀌어 가는 시간을 보며 점점 급해지기 시작합니다. 해야 할 양은 많아지고 못다 한 양에 대한 후회라는 감정도 추가됩니다.

당연히 집중 안 되죠. 우리의 체력은 무한이 아닙니다. 우리의 집중력도 무한이 아닙니다.

8월은 날씨도 덥기에 쉽게 지칩니다. 그런데 시간은 계속 나에게 더 열심히 하라고 압박합니다. 8월은 조금씩 쉬라고 하는 계절입니다. 왜? 힘들기 때문이죠.

자신을 인정하지 못합니다. 더 열심히 해도 모자랄 판에 집중이 안 되는 자신이 너무 밉습니다. 이러한 것은 자신을 더 지치게 만듭니다. 외줄 타기를 할 때 중심을 잡는다는 것은 앞으로 뒤로 나아가는 것이 아닌 한 지점에서 먼저 안정된 상태를 추구하는 것입니다.

마라톤 선수들이 뛰기 시작합니다. 10km 정도의 거리를 지나면 허벅지의 통증, 그다음 발목의 통증이 오기 시작합니다. 이때 "왜 내 속도가 느려지지? 아까 처음 달릴 때는 잘 달렸는데, 뭐지? 처음 속도처럼 가야 하는데?" 이런 생각으로 속도를 더 올리다 보면 다리에 쥐가 나거나 금세 지치는 경우가 발생할 수 있습니다. 마라토너들 가운데 페이스메이커라는 분들이 있습니다. 우승 가능한 사람이 있으면 이 사람을 위해 옆에서 함께 뛰어주면서 속도 조절 및 심리안정을 시켜줍니다. 속도가 느려진다고 뭐라고 하지 않습니다.

"괜찮아 속도 좋아. 천천히 호흡하면서…"

마라톤 경기를 보면 어느 정도 거리를 지나서 음료수를 잔뜩 쌓아둔 곳이 있습니다. 그리고 마라톤 선수들은 경기 도중에 그 음료를 마십니다. 이때 한 마라톤 선수는 음료를 마시는 시간이 아깝다며, 페이스를 유지하겠다고 그냥 달립니다. 이 선수는 결승지점에 다 와서 다리가 점점 무거워지고, 결승점 500m를 남겨두고, 다리가 움직이지 않아 멈춥니다.

이제 학기 말까지 그리고 수능까지 얼마 남지 않았습니다. 힘들면 힘들다고 하고 쉴 수 있으면 쉬어도 됩니다. 사람은 누구나 지칩니다. 공부에 지친 경우에 집중력은 더 이상 나타나지 않습니다. 집중력이 나타나지 않는다는 것은 자신을 욕하고 비난하라는

것이 아니라 '내가 힘들었구나, 내가 지금은 쉴 때구나'하고 인정
하라는 것입니다.

누구든 공부에 집중이 안 되는 자신을 탓하기만 하고, 그렇게
비난 섞인 말을 듣는다면 집중력은 당연하게 나오지 않습니다.

특히 완벽주의 성향이 있는 학생들이 책상 앞에 붙인 글귀가 살
벌합니다.

'1분을 쉴 때마다 1점씩 깎인다.'

'지금 공부를 안 하면 내 인생은 실패한다.'

쉼은 나의 나약함, 부족한 인내심의 표현이 아니라 다음을 준비
하는 준비 단계입니다.

한줄요약 🖊

> 힘들 때는 쉼이 필요하다.

갑자기 초심 잡으려고 하지 않는다 〈초심〉

8월입니다. 시기에 따라 상담의 주제가 달라지는데, 이 시기에
는 '초심'과 관련한 상담이 제일 많습니다. 특히 상담하러 온 학생
들은 제게 '초심이 사라졌어요' '초심을 잡으려면 어떻게 해야 하
나요?' '저는 항상 초심만 가지고 초심을 잃어버려요' 등의 질문을

합니다.

초심이라는 것은 대부분 긴장된 상태에서 오는 마음입니다. 낯선 환경, 낯선 사람 등 낯섦에서 시작하죠, 인간은 본능적으로 낯선 것에 대한 저항을 가지고 있기에 아무래도 조심합니다. 그래서 어느 정도 긴장을 하죠. 낯선 사람 만나면 좋은 모습을 보이려 긴장하며 좋은 사람의 가면을 쓰고, 내가 평소 하지 않는 행동을 하며 평소와 다른 언어를 쓰는 경우가 많습니다. 친해지면 어때요? 긴장이 풀어지니 아무래도 편하게 말하는 경우가 많습니다.

공부도 마찬가지입니다. 학기 초에 들어가는 학원과 학교도 낯설어서 초심이 생기죠. 시간이 지나면 뇌도, 나도 적응해서 더 이상 긴장할 필요가 없어요. 편안하기 때문에, 편안한 곳에서 잠이 오지, 불편한 곳에서는 잠이 오지 않습니다.

지금 8월에는 이런 이야기를 먼저 드리고 싶습니다.

'가능하지 않은 일보다는 가능한 일을 먼저하고, 가능한 일보다는 먼저 쉬운 일부터 하세요.'

초심이라는 형체 없는 마음을 찾는 불가능한 일을 하지 마시고, 가능한 일이기는 하지만 환경을 아예 통째로 바꿔버리는 어려운 일보다는 내게 쉬운 공부 방법 그리고 편안한 산책이나 운동이나 명상 등등을 하면서 여태까지 해온 수험 생활의 루틴을 유지하는 것입니다.

지금은 초심을 찾을 때가 아닙니다. 지쳐있는 것이 익숙한 이 상황에서는 내 마음을 흔드는 나쁜 감정으로 가기보다는 오히려 쉬운 작업을 통해 더 나빠지지 않게, 더는 안 좋은 감정으로 빠지지 않게 자신의 중심을 잡아주는 것이 가장 중요합니다.

재수생들이 다니는 학원 중심으로 출강하다 보니 일반고, 자사고, 특목고 등 여러 종류의 학교 학생들을 만나게 됩니다. 이 중에 소위 특목고라고 부르는 학교 학생들의 경우 상담 내용이 무거울 때가 많으며, 무기력이나 불안이라는 주제가 많습니다. 이유를 들어보면 중학교 때에는 공부를 정말 열심히 하고 성적도 잘 나오고, 자신이 정말 잘하고 특별하다고 생각했는데, 특목고라는 곳에 와보니 자신이 넘을 수 없는 벽이 많다는 것을 너무 절실히 느낀답니다. 그런데 여기서 문제는 여전히 너무나 열심히 하는 것 같은데, 예전처럼 집중도 안 되고 예전보다 자신감도 떨어졌다는 것입니다.

'과거에 나는 정말 잘했는데…'

이렇게 계속 자신의 화려했던 모습만 기억하고, 지금의 모습을 비교하면서 점점 더 자신을 낮추어 가며 좌절합니다.

돈 없이 여러 나라를 여행하면서 노숙할 수밖에 없는 상황에 여러 번 놓인 적이 있습니다.

유럽은 우리가 생각했을 때 잘사는 나라들이 대부분이기에 노숙자라는 사람들을 떠올리기가 쉽지 않습니다. 영국, 이탈리아, 스페인 등 몇몇 나라에서 노숙했는데, 가장 안전한 곳이 노숙자들이 모여있는 곳이라 그곳에서 노숙했습니다. 그러다 노숙자분들과 이야기를 하게 됩니다. 마침 함께 노숙했던 여행 친구가 언어능력이 뛰어나 노숙자분들이 이야기하는 내용을 가장 쉽게 통역해 줍니다. 여러 내용을 이야기하는데 어느 나라건 이런 이야기가 빠지지 않습니다. "나 왕년에 잘 나갔어."

지방 강연이 많다 보니 가급적 차를 가지고 다니지 않고 대중교통, 특히 제가 제일 좋아하는 기차를 자주 이용합니다. 서울역에 가서 기차를 기다리다 보면 그곳에 노숙자분들이 옹기종기 모여 이야기를 나누시는 것을 보고 듣는데, 이야기가 재미있어 유심히 들어보면 '나 왕년에 잘 나갔다'입니다. 어느 나라를 가든 과거에 잘 못 사셨던 분은 없었습니다.

이분들의 공통점은 과거에 사로잡힌 상태로 계시다 보니 현재 삶을 어떻게 살아야 할지 바라보지 못하고 멈춘 상태가 된 것입니다.

여러분에게 꼭 이런 말을 드리고 싶네요. 과거에서 벗어나세요.

어떤 분이 이런 멋진 이야기를 하셨습니다.

"과거에만 집중하며 사는 사람은 '후회'라는 감정으로 미래에만 집중하며 사는 사람은 '불안'이라는 감정으로 현재에 집중하며 사는 사람은 '행복'이라는 감정으로 살아간다."

군 시절 매일 약 8km 정도의 거리로 구성된 산을 뛰어서 다녔습니다. 그냥 산을 뛰어다녀도 쉽지 않은데, 거기에다 20kg이나 되는 납 조끼를 메고 뛰어다닙니다. 특히 깔딱고개라는 곳이 있는데 이 지점만 들어서면 다리가 풀리고, 호흡은 미친 듯이 고통스럽게 가빠집니다. 너무 지쳐 잠시 멈추어 숨을 몰아쉬고 있으면 뒤에서 따라오던 선배님들이 소리를 지릅니다.

"야! 쉬더라도 뛰면서 쉬어!"

선배들의 의도는 이랬습니다. '그렇게 고통스러운 순간 멈추어버리면 다리가 점점 더 무거워지는 동시에 호흡도 제대로 쉬지 못한다. 지금의 페이스대로 제자리라도 뛰고 있으면 다리의 휴식과 동시에 그 오르막을 다시 오를 수 있다'는 것입니다.

먼저 처음 가지고 있었던 초심을 이제는 내려놓으세요. 그리고 이제는 중심을 잡으세요.

중심을 잡고 현재 본인의 컨디션을 인정하고, 유지하다 보면 어느 순간 점점 더 상황에 적응하기 시작하여 다시 예전의 집중 상태로 돌아옵니다.

갑자기 초심을 잡으려 하지 마세요.

한줄요약 🖊

초심보다 중심!

"과거에 나는 정말 잘했는데…."

아침형 인간 〈최선〉

대한민국을 강타한 베스트셀러가 있었습니다. 바로 사이쇼 히로시라는 일본 사람이 쓴 『아침형 인간』이라는 책이었습니다. 저는 그 책을 읽고 좀 놀라웠습니다.

당시 저는 어떤 일을 할 때마다 잘 안되고 그러다 실패하고 결국 포기하려는 부정적인 생각만 머릿속에 꽉 차 있었거든요, 하지만 『아침형 인간』을 읽고 난 다음에 희망이 생긴 겁니다. 아침 일찍 일어나면 성공에 가까워진다는 단순한 명언이 저에게 희망을 준 겁니다.

'나도 아침에 일찍 일어나는 것만 한다면 되겠구나!'라고 확신했습니다. 저는 새벽 5시에 기상하기로 알람을 맞춰놓았습니다. 쉽지 않았습니다.

그냥 한 시간 일찍 일어나는 건데도 불구하고 너무나도 힘들고 피곤하고 하나도 되지 않았습니다.

그러자 점점 더 뭐가 됩니까? 바로 자기 합리화입니다. '굳이 내가 일찍 일어날 필요 없지!'라고 생각하다가 다시 원래대로 늦은 시간에 일어나기 시작했습니다.

현타가 왔습니다.

'역시 나는 안 되나 봐!'

우연히 크게 성공한 한 형을 만나게 되었습니다.

"나, 아침형 인간을 한번 해보려고 하거든. 그거 하면 성공할 수 있을까?"

그 형이 피식 웃으면서 "아침형 인간 웃기고 있다. 종환아 네가 몇 시에 기상하는지 그게 중요한 게 아니야. 제일 중요한 게 뭔 줄 알아? 그냥 네가 눈 뜨고 눈 감을 때까지 하루하루에 최선을 다하면 그게 최고인 거야!"라고 했습니다.

뒤통수 맞는 줄 알았습니다. 제가 단 한 번도 하루를 어떻게 최선을 다해서 살아갈 것인가라는 생각을 해본 적이 없다는 사실이었지요.

저는 다시 한번 깨우침을 받았던 것 같습니다. 아침에 일찍 일어나면 좋긴 좋습니다.

하지만 아침에 일어나는 것보다 더 중요한 것은 무엇입니까?

바로 여러분이 일어나는 시간부터 해서 잠을 자기까지 모든 시간에 최선을 다하는 것이 1순위라는 겁니다. 그다음 2순위는 시간을 효율적으로 활용하는 겁니다.

학생들에게 정해진 시간에 일어났을 때 무엇을 했는지 물어보면 대부분 그냥 공부만 했다고 합니다. 최선을 다했다는 말이 거의 없어요. 그냥 열심히만 공부하다가 결과가 안 좋으면 학생들은 또 열심히 못 했다고 후회하는 말을 합니다.

그 학생들한테 저는 항상 하는 얘기가 있습니다.

"지나간 것을 바꿀 수 없으니 바꿀 수 있는 것에 초점을 맞추자."

나머지 시간 동안 최선을 다하며 효율적으로 관리하는 일이 가장 중요하기 때문에 거기에 집중하자는 이야기입니다.

사람은 어떤 지식이나 정보가 계속 들어오면 어느 순간부터 그것을 믿고 시간이 지나면 고정관념이 됩니다.

'아침형 인간이 성공한다'라는 가설도 곧 A는 B이다라는 공식이죠.

아침에 일찍 일어나지 못한다는 것은 실패라는 해석으로 잘못된 관점이 되어버릴 수도 있습니다.

여러분이 무엇을 어떻게 더 열심히 할 건지 합리적으로 생각할 수 있다면 좋은 결과를 반드시 얻을 수 있습니다.

지금 이렇게 힘든 시간에 공부를 내려놓지 않고 끝까지 공부하고 있는 자신을 자랑스럽게 생각하세요.

한줄요약 ✏️

효율적으로 최선 다하기.

'좋은 대학'을 목표로 한다면 〈정보〉

3년이라는 시간 동안 30개가 넘는 나라를 여행하다 보니 비행기를 탄 횟수가 많습니다. 금전적으로 단 한 번도 여유가 있었던 적이 없었기에 일등석을 타 본 적은 없습니다. 항상 이코노미석이 죠. 비행기에 탑승하는 횟수가 많다 보니 어떤 행동 패턴을 찾았습니다. 비행기 탑승 전에 승무원의 안내에 따라 통로를 지납니다. 지나면 항상 오른쪽에 신문이 놓여 있는 것을 볼 수 있는데, 신문 종류는 다양했습니다. 우리가 흔히 아는 조선일보, 동아일보, 중앙일보 그리고 스포츠 신문, 경제 신문, IT 신문 등등 전문적인 내용을 담은 신문까지….

그런데 재미있는 것은 일등석에 탑승하는 분들은 스포츠 신문을 제외한 나머지 신문을 챙겨 가지고 가고, 이코노미석은 신문을 아예 가지고 가지 않거나 스포츠 신문을 가지고 갑니다. 그 당시에는 그냥 그런가보다 넘겨버렸습니다.

몇 달 동안 베스트셀러 탑5를 지켰던 『세이노의 가르침』이라는 책에서 이런 내용이 있습니다. '부자들은 돈과 친해진 사람들이다. 이코노미석의 사람들은 돈과 관련이 없는 것에 집중하고, 일등석의 사람들은 돈과 관련이 있는 것에 집중한다.'

제가 보았던 것들의 이유를 설명해 주는 내용이었습니다. 자신이 원하는 결과를 얻기 위해서 어디에 집중해야 하는지 알려주는 부분입니다. 지금 이 글을 읽고 있는 많은 분이 원하는 목표는 '좋은 대학'입니다. 학교 이름 하나만으로도 신뢰성을 줄 수 있는 곳일 겁니다. 그 학교 소속에 들어가기 위해서는 어떤 집중이 필요할까요?

수시에 집중하는 학생들이라면 학교 내신이 많은 부분을 차지할 테고, 정시라면 수능입니다.

나도 모르게 잡는 책이 만화책이거나, 내 습관이 이끌리는 곳이 대학입시에서 필요한 정보와는 거리가 먼 것이라면 과연 그 대학은 여러분과 친해지려고 할까요?

수시라면 내신의 전문가, 정시라면 수능의 전문가 정도의 정보를 알고 있어야 합니다.

하지만 그 정도의 전문가가 되기 위해서는 어떤 정보에 습관적으로 손이 가야 하는지 기억해 주세요.

사람은 아는 만큼 보인다는 말이 있습니다. 내 머릿속이 만화 정보로 가득 찼다면 만화만 보일 것이고, 내 머릿속이 스포츠로만 가득 찼다면 스포츠 정보에만 집중하게 됩니다.

지금 여러분은 어떤 정보가 가득 찼나요? 그 정보가 자신의 목표와 다른 정보라면 조금씩 조금씩 내가 원하는 목표와 관련 있는 정보를 받아들여 보세요.

한줄요약

내가 원하는 대학의 정보.

둘째 주

몰입 수업

좋은 감정의 습관화부터 〈기분〉

시험이라는 과정을 겪어본 사람들은 누구나 공감하는 내용이 있습니다. '시험 치는 날 기분이 좋으면 성적도 좋게 나온다.' 수능이라는 큰 시험을 앞두고 학생들이 가장 걱정하는 부분이 바로 몸 상태입니다. 컨디션이 좋으면 시험에서 좋은 성적을 기대할 수 있지만, 컨디션이 안 좋으면 성적에 대해 부정적인 결과를 예측합니다.

실제 컨디션이라고 하는 것은 시험에서 매우 중요한 역할을 하고 있습니다. 수능시험의 경우 1~2시간 치고 마는 시험이 아닙니다. 온종일 집중을 요구하는 것이기에 긴 시간을 버틸 수 있는 컨디

션이 중요합니다. 이때 컨디션이란 쉽게 말해 기분이라고 이야기
할 수 있습니다.

　기분이 좋은 날 누군가 자신에게 실수해도 사람들은 대부분 너
그럽게 용서합니다. 기분이 좋지 않은 날 누군가 자신에게 실수하
면 많은 사람들이 작은 실수에도 예민하게 반응합니다. 기분은 바
로 인내, 끈기, 집중과 연관이 있는 것입니다. 그래서 시험을 보는
하루 역시 잘 버틸 수 있는 기분이 필요한데, 기분이 좋은 것이 바
로 컨디션이 좋다는 것입니다.

　컨디션이 매우 중요한 역할을 하므로 많은 학생은 좋은 약을 먹
는다든지, 충분한 수면, 좋은 음식 섭취 등 노력을 하지만, 그것보
다 더 중요한 것이 바로 기분이라는 사실을 모를 때가 많습니다. 아
무리 좋은 음식을 먹어도, 아무리 충분히 자도 시험 치는 당일 기분
이 안 좋으면 모든 것이 소용없어집니다. 반대로 좋은 음식을 안 먹
어도, 충분히 자지 않아도 기분이 좋으면 시험 날조차도 잘 마무리
할 수 있는 좋은 에너지가 생긴다는 것입니다.

　조금은 색다른 예를 들어보겠습니다.

　엄마가 기분이 안 좋은 날 용돈을 달라고 하거나, 엄마가 기분이
좋은 날 용돈을 달라고 한다면, 어느 날 용돈을 주실 가능성이 커질
까요?

　기분이 좋다는 것은 수용력이 향상된다는 것을 의미합니다.

　내가 좋아하는 상대에게 고백할 때도 마찬가지입니다.

상대가 기분이 좋은 날 고백했을 때 성공할 확률이 높을까요? 아니면 기분이 안 좋은 날일까요?

우리는 누구나 알고 있습니다.

하루하루 좋은 감정으로 공부하다 보면 작은 스트레스에 민감하게 반응하지 않지만 나쁜 감정으로 공부한다면 작은 스트레스에도 민감하게 반응합니다.

좋은 감정이 가장 우선시됩니다. 좋은 감정이 갑자기 생기는 것이 아니라는 것을 여러분들도 이제 잘 아실 겁니다. 그렇다면 큰 시험에서 무엇보다 중요한 것은 좋은 감정을 가지고 가는 것이며, 이 좋은 감정은 매일매일 습관화시키는 것이 가장 중요하다는 사실을 절대 잊지 말아 주세요.

한줄요약 🖊

좋은 기분으로 공부하기.

집중력 유지 〈자만심과 계획〉

'집중'과 관련된 이야기로 여러 가지 해석을 해볼 수 있습니다.

첫 번째로 MBTI 관점으로 보면 집중이 힘들다는 학생 중에 P라는 유형이 자주 나옵니다.(절대적인 것은 아닙니다.)

P유형의 학생들에게 약점이라 할만한 것 중의 하나가 시작은 잘하나 마무리를 잘하지 못하는 부분을 들 수 있는데, 습관에서 오는 집중을 이야기합니다.

P유형의 학생들은 인내심이 부족하다, 끈기가 없다는 말로 자신이 끝까지 잘 해내지 못한다고 이야기하는 경우가 많은데, 상담하다 보면 인내, 끈기 부족으로 포기한다고 할 수는 없습니다. P에게 내재한 것 중에는 '자만심'이란 특징이 있어서, 포기한다는 것보다는 잠시 내버려 둔다는 해석이 더 어울립니다.

'자만심'이라고 하는 것을 예로 들어보면 한 달간 10kg의 체중을 빼겠다고 다짐한 후, 4~5kg이 빠지고 자신의 모습을 보았을 때나 바지를 입었을 때 체중이 많이 빠졌다는 생각이 들면서 '이 정도 노력했으면 좀 먹어도 되겠지? 오늘 하루는 운동을 쉬어도 되겠지?'라며 긴장을 늦추는 순간 집중했던 힘이 멈추는 것입니다.

공부도 마찬가지입니다. 계획을 세우고 하루하루 실천하는 과정에서 스스로 공부에 불태웠다고 판단되었을 때 높은 자만심으로 인해 '진짜 열심히 했으니 내가 잠시 쉬어도 되겠지?'라는 생각으로 모든 행동을 멈추게 되기에 마무리하는 힘이 부족한 것입니다.

여기서 인내와 끈기를 가질 필요는 없는 것이죠. 자만심이라는 감정의 실체를 파악하고 경계한다면, 자만심으로 인해 만들어진 자기 합리화를 막는다면 끝까지 집중해 내는 새로운 습관의 형태가 만들어지는 것입니다.

이번에는 MBTI에서 J에 관해 이야기해 보겠습니다. J의 경우는 타인이 보았을 때는 집중력이 강해 보입니다. J가 집중력이 강해 보인다는 것은 타인의 시선으로 바라보기 때문에 집중력이 강해 보이는 것이지, 실제 강하기보다는 반대일 가능성이 큽니다. 정신력이라는 부분에서 보면 정신력이 가장 약한 사람들의 특징이 완벽주의자입니다.

J의 경우는 완벽주의자가 많습니다. 계획을 세워놓으면 실행해야 한다는 완벽 성향이 강하다 보니 계획을 100% 실행하지 못했을 때 스트레스의 강도가 강합니다.

100%의 기준으로 하루하루 실행한다고 하면 1%의 실수에도 민감한 경우가 많이 있습니다. 과정에서 오차가 생기는 순간 예민해져서 놓쳤던 부분에 모든 집중을 하게 되고, 그다음 단계에서 집중 못 하고 하루의 모든 일과를 놓치는 경우가 많이 있습니다.

계획을 100% 실행을 하지 못하는 날이 반복될수록 계획을 실행할 때마다 점점 더 스트레스를 받으며 계획에 대한 조급함이 생겨 학습에 집중하는 것이 아니라 계획표를 완성하는 데 집중하여 집중 능력은 자연스레 떨어집니다.

이런 경우 부모님이나 선생님들께 '조급하지 말아라' '조금 모자라도 괜찮다'라는 조언을 듣지만, 맞는 말일뿐 J유형의 학생들에게는 쉽지 않은 일입니다. 그때는 간단하게 100% 성공할 수 있는 계획을 세우라고 조언합니다. 하루 일정에서 100% 완수가 가장 중요하기 때문에 계획을 세우는 간단한 기술 하나 가지고도 달라질 수 있습니다.

자신의 계획 마지막 시간에 1~2시간 정도의 공간을 두는 것이죠.

J가 계획을 세우고 실행하려는 여러 가지 감정 중의 하나가 바로 '두려움'입니다.

내가 통제하지 못하는 상황이 생길 때 올바르게 판단하기 쉽지 않다는 것을 자신도 잘 알아 계획을 세우고 실행하는 것인데, 하루에 1~2시간 정도를 비워두는 것입니다.(이것도 하나의 계획입니다.) 계획이 잡혀있지 않은 시간에 어떤 행동을 할 것인지에 대한 빠른 상황대처 능력을 조금씩 키워나가고, 하루의 계획에서 미완성된 일정이 있다면 이때 마무리 지어 하루의 계획을 완벽히 100% 완성하는 것입니다. 이렇게 하루하루 100% 실행으로 마무리 짓게 된다면, 조급함도 줄일 수 있으며 계획을 짜는 동안 편안한 마음으로 계획을 잡고, 실행할 때도 혹시 100% 못 할까, 두려워하는 마음을 덜 수 있습니다.

시험을 치는 당일의 감정이 중요한데, 자신도 모르게 평소에 차곡차곡 쌓아놓았던 감정들이 터지는 날이기도 합니다. 시험 치는 날까지 좋은 감정으로 적금을 들 듯이 꾸준함을 유지해 보세요.

시험을 치는 그날까지 집중력 유지하기.

잡생각 탈출 〈생각〉

수험생 기간 가장 조심해야 하는 부분을 꼽는다면 저는 무조건 잡생각이라고 이야기합니다. 불안, 우울 등등을 이야기할 수 있겠지만 나쁜 감정은 잡생각, 내가 원하지 않는 생각으로 전이되기 때문에 발생하는 감정이 대부분이기 때문입니다. 잡생각이라는 것을 멀리하는 것이 좋습니다.

그런데 잡생각이 쉽게 떨치지 않습니다. 아무리 떨쳐 버리려 해도 쉽지 않습니다.

어느 한 뇌과학자가 이런 말을 했습니다. 인간이 하루에 생각하는 생각의 가짓수가 4~6만 가지라고, 이때 우리 조상들의 위대함을 느꼈죠. 예부터 잡생각하고 있는 사람을 보면 '오만가지 잡생각 하지 마'고 했죠.

수많은 생각이 여러분의 머릿속을 날아다닙니다. 그런데 그 생각 역시 형태가 없기에 질량이나 부피는 없겠지만 그 생각 가운데 분명 무거운 생각이 있고, 가벼운 생각이 있습니다. 가벼운 생각은 우리가 무의식적으로 스쳐 지나갔던 중요하지 않은 기억의 조각을 이야기하며 무거운 기억이라고 하는 것은 내 경험에서 감정이 개입된 기억을 이야기합니다. 무거운 기억 하나가 내 머리맡에 잠시 내려앉았습니다. 무겁기 때문이죠. 그런데 우리는 갑자기 그 생각을 잡아버립니다. 이렇게 잡다 보니 잡생각이 되는 것이죠. 이 기억은 떠나려고 하지만 여러분이 잡는 겁니다. "왜? 이 생각이 갑자기 났지?" 사랑하는 대상의 기억이라면 "내가 아직도 그녀를, 그를 사랑하나?"라고 질문을 던지고 그에 관해 상상하기 시작합니다. 이게 잡생각의 순서입니다.

잡생각이 날 때 대부분 잘못된 대처 방법을 씁니다. 첫 번째는 '저리 가! 잡생각' 혹은 '생각하지 말자!'라고 조용히 마음속에서 다짐합니다. 너무도 나쁜 방법이죠. 시험을 치는 상황에서 잡생각 때문에 문제가 머리에 들어오지 않는다면 어떻게 하나요? 여러 학생이 국어 과목에서 이런 경우를 겪게 됩니다. 국어 과목에서 잡생각이 많이 나타나는 대표적인 이유는 지문 속 많은 단어 중 어떤 한 단어가 내가 가지고 있는 기억이나 정보를 끌어내는 역할을 하게 되기 때문입니다. 그렇다면 잡생각에서 탈출하는 좋은 방법은 어떤 것이 있을까요? 다른 문제로 옮기는 것입니다. 그 문제가 시발점이 되었다면 그 상황을 벗어나는 것이 가장 좋은 방법입니다. 치킨을 끊고 싶은데, 치킨집 앞을 지나다니며 노력하면 에너지만 소모될 뿐이지 끊을 가능성은 떨어집니다. 흡연장 앞에서 흡연을 절제하려고 하면 성공 가능성이 작아집니다. 그 상황을 벗어나는 것이 가장 좋습니다. 다른 문제로 가는 방법에서 하나를 더 추가한다면 페이지를 다른 곳으로 이동하는 것입니다. 내 시야에 잡생각을 시작하게 했던 지문이 눈에 들어온다면 그 상황을 벗어나기란 쉽지 않습니다.

두 번째 방법, 손을 이용합니다. 아무리 집중이 강한 사람도, 잡생각이 강한 사람도 행동에는 이기기가 쉽지 않습니다. 예를 들어 내가 지금 손으로 필기합니다. 그러면 잡생각이 강할까요? 아니면 필기하는 내용이 더 강할까요? 필기 내용에 집중하는 것이 강합니다.

첫 번째와 두 번째의 방법으로 전환을 자연스럽게 하다 보면 어느새 잡생각은 사라지고 맙니다.

한줄요약

> 잡생각을 벗어나려면 다른 생각을 하거나, 상황을 벗어나기.

불안을 당연한 감정으로 수용한다면 〈불안〉

사랑하는 상대를 보면 가슴이 쿵쾅쿵쾅 빨리 뛰기 시작하고 얼굴이 화끈거립니다.

너무도 당연한 증상입니다. 그런데 이러한 당연함을 때로는 다르게 해석하는 경우가 많습니다. 내가 병이 있나? 이렇게 말이죠.

당연하게 받아들이면 그런 증상은 자연스럽게 사라지기 마련인데, 계속 그 증상에 잘못된 해석을 하면 그 증상에서 빠져나오기가 쉽지 않으며 더욱 증상이 나빠집니다.

시험을 앞두고 있다면 불안이라는 감정을 느끼는 것은 지극히 당연한 이야기입니다. 학생들이 불안을 당연하게 받아들이면 자연스럽게 그 불안이 사그라지는 데 비해 그 불안을 문제시하다 보면 증상은 더욱더 깊어지게 되고 불안한 감정으로 인해 원하지 않는 상황을 불러일으키는 경우가 많습니다. 그래서 저는 감정에 저항하지 말라고 이야기합니다. 때로는 수용하기가 가장 쉽고 빠른 길일 때가 많습니다.

중요한 시험이 있는 날 교실을 둘러보게 되었는데, 한 학생이 눈을 감고 스스로 암시하는 모습이 보였습니다. 암시가 끝나 보이자, 제가 학생에게 물었습니다.

"자신에게 암시 주문을 걸었구나?"

"네, 맞아요! 절대 긴장하지 말자고 암시했어요."

"지금은 어때?"

"그런데 암시가 잘 안 돼요. 더 긴장되는 거 같아요."

많은 사람이 심리기술을 모르다 보니 그냥 반대 방향으로 가려는 저항의 기술을 씁니다.

"불안해하지 말자!"

"긴장하지 말자!"

"다이어트 해야 하니 밥 먹지 말자!"

"화내지 말자!"

이렇게 반대로 가려는 저항의 경우는 이기는 경우보다 지는 경우가 많은데 그 이유는 오히려 그 상황에 집중하자는 주문이기 때문입니다.

긴장이라는 감정에 집중하다 보니 긴장하게 되는 방법입니다.

먼저 시험에서 자주 느끼는 감정을 구분 짓는 것부터 해보겠습니다.

시험에서 독이 되는 대표적인 감정이 불안으로 알고 있는데, 시험은 불안이라는 감정에 가까운 것일까요? 아니면 공포라는 감정에 가까운 것일까요?

불안과 공포라는 감정은 좀 다른데, 쉽게 구분 짓자면 대상이 있는 것은 공포가 붙습니다.

뱀 공포, 고소 공포, 물 공포 등.

불안은 보통 특정 대상이 없습니다. 공포는 현재 감정에 가까우며 불안은 미래에 대한 감정에 가깝습니다. 공포는 경험 때문에 만들어진 경우가 많습니다. 불안은 실제 경험보다는 생각으로 만들어 낸 경험에 가깝습니다.

시험에서 느끼는 감정은 시기에 따라 나누어 볼 수 있는데, 시험 치기 전까지는 불안에 가까우며 공포 감정은 시험을 치는 도중에 일어나는 경우가 많습니다.

실제로 무서운 것은 불안보다는 공포라는 감정입니다.

불안이라는 감정 뒤에 장애라고 붙는 것은 트라우마 같은 경험이라기보다는 과도하게 저항해서 생기는 경우가 많이 있습니다.

진화 심리학 측면에서 인간이 가지고 있는 불안이라는 감정을 해석할 때 "인간은 불안을 예측해 왔다"라고 설명합니다.

동물의 경우는 순간의 두려움에서 오는 불안을 느끼지만, 인간의 경우는 동물이 느끼는 불안보다 훨씬 먼 미래를 내다보고 오는 것이라고 합니다. 인류의 역사를 거슬러보면 피라미드에서 가장 낮은 단계였음에도 불구하고 지금은 피라미드 최고의 지점에 올라서 있습니다.

아주 오래전에 인간들은 동물의 습격을 받아왔습니다. 언제 동물들이 습격할지 몰라 불안을 느끼면서 불안보다 동물의 습격을 벗어나는 데 집중하여 동물이 쉽게 접근할 수 없게 인간들이 사는 마을을 만들었습니다. 기후 변화를 설명하지 못해 불안을 느끼자,

기후에 맞는 신을 만들어 나름대로 해석하려고 노력하고 기후 변화에 대처하기 위해 둑을 만들고, 튼튼한 집을 만들고, 댐을 만들어 왔습니다.

불안의 수용

시험 치는 당일 우리가 불안이라는 감정을 해결하기 위한 첫 번째 솔루션이 바로 수용입니다.

불안은 아무에게나 찾아오지 않습니다. 시험을 위해 큰 노력을 했던 사람들에게 찾아오는 감정입니다. 큰 노력을 한 자신이 불안을 느끼는 것은 너무도 당연합니다.

'지금 자신이 느끼는 불안의 강도는 그 시험을 위해서 얼마나 많은 것을 투자했는지에 따라 달라진다. 이 불안도 함께 나아가야 하는 부분이며, 저항할 부분이 아니다.'

그리고 불안이라는 감정을 가진 상태에서 시험을 치르는 연습을 하는 것입니다.

항상 최상의 상황이 아니라 최악의 상황을 동반한 채 시험을 대하다 보면 어느 순간 적응되어 불안이라는 감정을 자연스레 받아들이게 됩니다.

'저리 가! 불안'이 아니라 '같이 가자! 불안'이 되어야 합니다.

자이가르닉Zeigarnik이라는 심리학자가 있습니다. 어느 레스토랑에서 웨이터에게 음식 주문을 했습니다. 그 웨이터에게 한 가지 음식을 시킨 것이 아니라 여러 가지 음식을 주문했음에도 불구하고 웨이터는 어떤 메모도 하지 않았죠. 이 심리학자는 분명 저 웨이터가 다른 음식을 가지고 오거나 다른 테이블과 메뉴를 혼동할 수 있다고 예측하고 지켜보았습니다.

음식이 나옵니다. 테이블에 음식을 하나씩 놓았을 때 심리학자는 감탄할 수밖에 없었습니다. 분명 많은 메뉴를 시켰는데 실수 하나 없었으며, 자신의 테이블뿐만이 아니라 다른 테이블까지 실수하나 없었습니다.

심리학자는 장난기가 발동했습니다. 웨이터가 없을 때 재빨리 세팅된 음식을 테이블보로 덮어버렸습니다. 그리고 웨이터에게 질문합니다. 각각의 손님 자리에 어떤 음식이 있는지를 물어봅니다. 이때 웨이터는 당황해하며 제대로 기억하지 못하는 상황을 보여줍니다.

사람은 누구나 목표 지점을 잡으면 목표 지점을 벗어나는 순간 불안함과 긴장감이 사라지면서 기억이 사라진다는 것을 알 수 있었습니다.

우리가 시험과 관련해 느끼는 불안이라는 감정 역시 시험이라는 상황에서 내가 좀 더 기억을 제대로 하기 위해 도움을 주는 역할을 하는데도 불구하고 우리는 그 반대로 해석하여 불안이라는 감정에 저항하는 일에 많은 에너지를 쓰는 것입니다.

공포라는 감정은 다릅니다.

공포는 불안보다 더 큰 감정입니다.

공포는 현재 상황에서 이성적인 판단이 어려워지고 올바른 행동을 하지 못하게 만들어 우리를 더욱더 난처한 상황으로 이끄는 경우가 많습니다.

그래서 시험에서 불안은 전혀 문제가 되지 않지만, 공포라는 감정은 문제가 되는 경우가 많습니다. 예를 들어 공포라는 감정을 느끼는 경우 아는 문제임에도 불구하고 손에 든 필기구를 시험지에 갖다 대지도 못하고 더하기 빼기조차 계산할 수 없게 됩니다.

어두운 산길을 걸어가고 있을 때 소복을 입은 어떤 물체가 나타난다면 보통 불안보다는 공포에 가까운데, 그 자리를 어떻게든 벗어나려고 하지만 그 자리를 벗어나지 못하고 그 자리에서 몸이 움직이지 않아서 비명만 지르고 있거나, 비명조차 지르지 못하는 예도 있습니다.

합리적인 판단과 행동을 하지 못한다는 것입니다.

시험을 칠 때 공포에서 벗어나는 방법은 아주 간단합니다.

첫 번째, 예측하면 됩니다. 공포라는 감정은 예측하지 못하는 상황에 일어나는 감정입니다.

그러면 반대로 예측하면 공포라는 감정은 잘 일어나지 않습니다.

예를 들어 공포 영화를 볼 때 언제쯤 귀신이 나오는지 예측할 수 있다면 우리는 더 이상 두렵지 않습니다.

다른 예를 들어보면 공포 영화를 볼 때 화면 오른쪽 상단에 3, 2, 1 그리고 귀신이 나온다면 우리는 더는 두렵지 않을 것입니다.

시험으로 돌아가 때로는 최악 경우의 이미지를 떠올려 보면 실제 상황에서는 이미 예측한 부분이기에 공포라는 감정이 줄어들 수 있는 것입니다.

두 번째, 공포라는 감정은 내가 그 상황을 슬기롭게 헤쳐 나갈 수 없다는 결론에서 나타납니다. 반대로 그 상황이 왔을 때 자신이 헤쳐 나갈 수 있는 능력을 보유한다면 더 공포가 되지 않는 것입니다.

그렇다면 첫 번째 방법처럼 예측하고 끝나는 것이 아니라 내가 슬기롭게 해결할 수 있는 부분을 이미지트레이닝 해보고 스스로가 상황을 해결할 수 있음을 인지한다면 더 공포라는 감정이 잘 나오지 않습니다. 오히려 그 상황에서 내가 해낼 수 있다는 용기라는 감정이 더 앞섭니다.

세 번째, 공포라는 감정을 줄일 방법은 반복 경험입니다.

귀신의 집에 들어가기 전에 공포라는 감정을 느끼지만, 귀신의 집에서 아르바이트하는 경우는 매일 출근하면서 그 상황에 적응이 되어 공포라는 감정이 줄어듭니다.

시험을 치는 상황을 계속 연습을 해주는 것입니다.

한줄요약 ✎

불안과 같이 가기.

셋째 주
자신감을 주는 수업

나는 못나지 않았다 〈칭찬〉

　많은 학생들이 제게 심리적인 부분으로 상담을 신청합니다. 상담을 신청하는 이유는 다들 다르겠지만 목적은 하나입니다. 자신이 가지고 있는 심리적인 부분을 개선하고 싶은 것입니다. 개선한다는 것은 당연하게 더 나은 자신으로 변화하고 싶다는 의도인데, 그 의도와 반대 태도로 상담을 신청하는 경우가 많습니다. 제 경험에 따르면 상담을 신청한 학생들의 100% 상담 내용이 '저는 참 못난 사람이에요.' '제가 참 바보 같아요.' '게으르고, 끈기 없고, 인내력도 없고, 꿈도 없고' 등등 자신이 못난 사람이라는 말만으로는 부족하여 자신이 얼마나 못났는지 증명까지 합니다. 마치 저를 설득하려는 것처럼.

저는 그 말을 듣다가 이런 말을 던집니다. "그래 맞아. 네가 한 말처럼 너 정말 못난 사람이야!" 그러면 제게 실망 섞인 눈으로 "선생님, 왜 그러세요? 어떻게 그런 말씀을 하세요?"라고 이야기 합니다.

제가 출강하는 곳에서는 또 다른 상담이 하나 있습니다. 자신이 얼마나 괜찮은 사람인지, 이번에 어떤 노력을 통해 성취감을 느꼈는지 자신을 칭찬하고 칭찬을 받는 상담입니다.

제 의도는 하나입니다. 내가 원하지 않았던 '심리'라는 부분은 한 번에 갑자기 생긴 마음이라기보다는 대부분 나도 모르게 쌓여 왔던 것입니다. 쌓여오다 갑자기 터져 나와 상담을 신청하는 것인데, 오랜 시간 동안 쌓인 것이 다시 나아지기가 지금의 마음 상태에서 쉽지 않습니다. 그 순간이 너무 힘들어서 그때는 정말 큰 노력이 필요합니다.

그래서 좋은 상담이라는 것은 쌓이는 것을 계속 더 쌓지 않게 만드는 방법이죠.

제가 이 방법을 시도한 지 3년 정도 되었는데, 상담 내용에 조금씩 변화가 있습니다.

'자신이 얼마나 못났는지?'라는 주제의 상담이 100%였다면 이제는 자신이 얼마나 괜찮은 사람인지를 이야기하는 상담이 30% 정도까지 되었습니다. 이 30% 정도의 아이들은 1년이라는 힘든 수험생 기간 동안 자신이 얼마나 못났는지 이야기하는 상담이 거의 없었으며, 힘든 기간을 잘 버텨나가는 모습을 보여주었습니다.

여러분의 부모님, 선생님과 좋은 상담을 자주 해보세요.

좋은 심리 상담으로 자신감 얻기!

긍정의 힘 〈긍정〉

긍정적으로 해석하기

학생들과 상담할 때 "갑자기 가슴이 미친 듯이 뛰기 시작해요!"라는 이야기로 시작하는 경우가 많이 있습니다. 학생들이 가슴이 미친 듯이 뛰기 시작하는데 의사가 아닌 제게 찾아오는 대표적인 이유는 그것을 '불안'이라는 감정으로 해석하기 때문이죠. 인간은 어떤 증상의 정확한 원인을 찾아내지 못하면 처음의 해석에서 벗어나기 힘들 뿐만 아니라 점점 더 부정적으로 발전시키게 됩니다. 불안이라는 해석으로 시작해 끝내 자신이 문제가 많은 사람이라고 결론을 짓고 그 이유를 찾아내기 시작입니다. 자신이 정말로

'못난 사람'이라는 이유겠죠. 말 그대로 내 나름대로 생각하다 보니 결국은 내 나름대로 해석으로 마무리 짓는 것입니다.

물그릇에 썩은 물이 있습니다. 물그릇 정화에 도움이 되는 소금을 집어넣고, 대나무를 집어넣고 그리고 숯을 집어넣는다고 해서 정화가 완벽하게 될까요? 썩은 물일 뿐입니다. 썩은 물을 정화하는 가장 쉽고 빠른 방법은 바로 맑은 물을 그릇에 붓는 겁니다. 그러면 맑은 물이 썩은 물을 밀어내어 썩은 물은 점점 밖으로 빠져나가고 결국 맑은 물이 물그릇을 차지하는 것입니다.

하버드대학교 심리학과 교수인 대니얼 사이먼스Daniel Simons와 크리스토퍼 차브리스Christopher Chabris는 1999년 '선택적 주목 실험(보이지 않는 고릴라 실험)'을 진행했습니다. 이 실험은 흰색과 검은색 셔츠를 입은 사람들이 농구공을 패스하는 영상을 보여주고, 흰색 셔츠 팀의 패스 횟수를 세라고 지시합니다. 이때 흰색 셔츠 팀의 패스 횟수를 세라고 한 것은 피험자가 흰색으로 집중하도록 유도하기 위함입니다. 실은 이 영상 중간에 고릴라가 등장하는데, 절반 이상의 피험자들은 흰색 셔츠에 집중하다 보니 중간에 나온 고릴라를 보지 못했습니다.

이 실험은 인간의 지각 한계와 착각을 보여주는 실험인데, 저는 오프라인 수업에서 다르게 접근합니다. 처음 흰색 셔츠에 집중하도록 유도하고 영상을 보았을 때 80% 이상의 학생들이 고릴라를 찾지 못합니다. 그러나 학생들에게 고릴라 이미지를 떠오르게 하고 고릴라를 10번 외치게 한 후, 다시 영상을 보여주었을 때 90%의 학생들이 고릴라를 인식하기 시작합니다.

첫 번째 영상에서 고릴라를 찾지 못하지만, 두 번째 영상을 보기 전에는 고릴라를 인지시킴으로써 우리의 뇌는 고릴라를 찾아낼 수 있는 능력이 생겼다는 것입니다.

제 책은 여러분께 서서히 긍정이라는 관점의 정보를 인식시켜 주는 역할을 합니다. 우리가 원래부터 못난 생각을 한 것이 아니라 '긍정'이라는 추상에만 집중하다 보니 긍정적 관점의 정보를 찾는 방법을 몰랐던 겁니다. 절대 여러분이 못났기 때문이 아닙니다.

이 책을 통해 조금씩 긍정적인 인지를 쌓아가다 보면 어느샌가 같은 환경, 같은 상황에서도 다르게, 바로 자신에게 유리하게끔 긍정적으로 해석하는 능력이 생기게 될 것입니다.

긍정 마인드 습득하기

여러 나라를 여행하면서 느낀 점이 많습니다. 기존에 가지고 있었던 선입견이 점점 희미해지기 시작했는데, 일본인에 대한 선입견도 그렇습니다. 어릴 적부터 일본인을 접할 기회가 없이 오로지 한국사 시간에 배운 일제 강점기와 임진왜란과 관련해 '분노'라는 감정을 기본으로 하는 선입견이었습니다.

그런데 여행하면서 여러 나라 친구를 사귀게 되었는데, 여행하

먼저 가장 친해졌던 사람들이 일본인이었고, 지금까지도 한 번씩 연락하는 사람들 대부분이 일본인입니다. 일본에서 1년간 살았는데, 그들의 문화에서 배울 것이 참 많았습니다. 그중 하나가 '배려'하는 문화입니다. '배려'는 여러 가지로 표현될 수 있습니다. 한국에서는 집집마다 쓰레기를 집 밖으로 내놓는데, 아파트는 관리를 해주시는 분이 계셔서 깔끔한 상태를 유지합니다. 그런데 주택가에서는 쓰레기가 정리되어 있지 않은 채 버려지고, 고양이나 새들이 먹을 것을 찾아 쓰레기봉투를 다 뜯어 놓아서 주위가 엉망이 된 것을 자주 봅니다. 저는 개인적으로 그런 상황을 보기가 힘들었습니다. 일본에서는 쓰레기봉투도 가지런히 놔두었고, 새들이나 고양이가 뜯어 엉망이 되는 것을 방지하기 위해 그물망으로 그 쓰레기들을 항상 덮어두어 훨씬 깨끗한 상황을 유지하였습니다.

제 일본인 친구들은 일본에서 외롭게 생활하는 저에게 많은 도움을 주었고, 제게 좋은 이야기를 많이 해주었습니다. 제 친구 중 하나가 도요타 자동차에 근무했는데, 자신이 다니는 회사에 큰 자부심을 지니고 있었습니다. 자부심에 대한 이유를 이야기할 때 인상 깊었던 이야기가 있습니다.

도요타 자동차는 고급 브랜드라기보다는 중저가 브랜드입니다. 중저가 브랜드보다 고급 브랜드를 만들어 판매하는 것이 더 이익이 크리라 판단해 1980년대 초 도요타의 프리미엄 브랜드를 만들기 시작합니다. 렉서스는 지금은 세계적인 프리미엄 브랜드로 자리를 잡았지만 처음 론칭할 당시 도요타 차량의 브랜드만 교체했다는 혹평을 받았다고 합니다. 이에 회장은 차별 전략을 세우기 위해 고민하던 중 여러 부서에서 몇 명만을 선발해 그들에게 하던 일을 멈추고 미국으로 가서 직접 보고, 배우라고 합니다. 그런데 여기서 배우라고 하는 것은 일반적으로 생각하듯 공장에 가서 어떻게 차를 만드는지 보라는 것이 아니었습니다. 선발된 인원을 LA에서 1시간 떨어진 해안가에 있는 호화 주택에서 생활하게 합니다. 그리고 "미국 부유층처럼 살아봐라. 너희들이 부자의 삶을 살면서 너희들이 부자가 먼저 되고, 그리고 너희들이 원하는 차가 무엇인지 해답을 찾고 돌아오라"고 했습니다.

메시지는 아주 강력한 것이었습니다.

그것은 '부자가 아닌데, 어떻게 부자의 마음을 알아서 부자들이 원하는 차를 만들어 내겠는가?'에서 시작된 것이었습니다. 약 6개월간 부자들과 생활하면서 부자의 마인드로 바뀐 그 선발인원은 일본으로 돌아와 고급 브랜드 렉서스를 탄생시켰습니다.

이렇게 우리의 근본적인 문제점을 정확하게 파악한 후, 그에 맞는 경험을 통해 우리의 마인드라고 하는 것이 성장하는 것입니다. 우리의 지식이 한 번에 얻어지는 것이 아니듯이 경험이 모이고 모여서 마인드라는 결정체를 만드는 것입니다.

긍정 마인드는 가만히 앉아서 저절로 생기는 것이 아닙니다. 긍정은 말로만 내뱉는 것이 아니라 우리가 습득하는 과정을 통해서 조금씩 조금씩 얻는 것이랍니다.

긍정 마인드 습득.

슬럼프 탈출 방법1 〈휴식〉

만약에 여러분이 몸이 아파서 의사 선생님에게 간다면 항상 똑같은 말을 들을 수 있습니다.

"치료보다는 아프지 않게 예방하는 게 가장 중요합니다."

심리적 문제도 마찬가지입니다. 슬럼프가 왔다는 것은 어느 순간 과부하 상태가 온 겁니다.

그런데 슬럼프가 왔을 때 스스로를 질책하고 비난하는 상태를 계속하다 보면 스트레스로 오히려 무너질 수도 있습니다. 그러면 결국 우울증이 오게 됩니다.

아직도 끝나지 않았습니다.

이제 완벽히 포기하는 상태, 즉 자포자기 상태가 되어 무기력증이란 나락의 상태로 향하게 됩니다.

어떻게 해야 할까요?

먼저 자신의 감정을 인정하는 게 좋습니다. 내 감정의 신호가 "너 지금 너무나도 열심히 했으니까 지금 쉬지 않으면 너무나도 힘들다"라고 말하는 겁니다. 옆에 친구들은 다 하고 있는데 나 혼자서 공부 못 하고 있다고 해서 스스로 불안해하면 그것은 쉬는 것도 아니고 공부하는 것도 아닌 상태로 오히려 더 안 좋은 치명적인 상태로 갈 수밖에 없다라는 것을 알아야 합니다.

어렵게 방법을 찾을 필요 없습니다. 우선 쉬어야 합니다. 그 다음은 생각의 방향성입니다.

낙관적으로 생각하는 훈련입니다. 간단히 말씀드리면 긍정적으로 생각하는 연습입니다.

뇌에 들어오는 지식을 낙관적인 내용들로 꾸준히 그리고 지속적으로 축적해 가면 세상을 파악하는 게 완벽히 달라집니다.

여러분 지금 슬럼프가 왔나요?

지금 슬럼프가 왔다는 것은 공부 진짜 열심히 한 겁니다.

열심히 하고 난 다음에 슬럼프가 왔을 때는 '내가 이제까지 이렇게 열심히 공부했구나!'하며 정말 감사하게 수용하는 겁니다.

감사했으면 잠시 쉬면 돼요. 그런데 그것이 아니라 계속 비난하거나 질책하기만 하면 여러분은 더욱더 자신감은 잃어갑니다.

좀 쉬세요!

'내가 좀 쉴 때가 되었어'라고 인정하세요.

제발 아무것도 하지 말고 쉬세요.

기숙학원에서 강의하다 보면 정말 마음이 아픈 게 학생들이 쉬어야 할 때 편하게 쉬지를 않습니다. 금요일, 토요일 집에 가서 쉬어야 하는데, 공부 계획을 잡습니다. 그러니 집에 가는 가방에 온갖 참고서로 꽉 채웁니다. 그러고는 다음 주 월요일 학원으로 돌아와서는 늘 같은 말을 합니다.

"제대로 못 쉰 것 같아요."

하루라도 제발 아무것도 하지 않은 상태에서 그냥 혼자 쉬기를 바랍니다.

쉰다는 것은 나에게 주는 선물입니다.

슬럼프가 오면 나를 탓하지 말고

'아, 내가 열심히 했기 때문에 좀 쉴 때구나!'라고 자신에게 말해보세요.

한줄요약

슬럼프 오면 무조건 쉬기.

넷째 주

즐겁게 공부하는 수업

웃어야 성공할 확률이 커진다 〈웃음〉

어느 한 대학에서 '표정만 바뀌어도 상황을 판단하는 능력이 달라질 수 있을까?'라는 주제로 실험을 진행했습니다. A 그룹과 B 그룹으로 먼저 나누고, A 그룹과 B 그룹에 둘 다 같은 신간 만화책을 보라고 줬습니다. 그 책은 누구도 본 적이 없습니다.

그리고 A 그룹에게 하나의 조건을 주었는데, 만화책을 볼 때 웃는 얼굴을 유지하면서 보는 것이었습니다. B 그룹에는 아무런 조건을 주지 않고, 만화책만 보면 된다고 했습니다. 두 그룹은 만화책을 다 봤습니다.

만화책에 대한 재미와 만족도를 조사한 결과 같은 만화책을 보았음에도 불구하고, A 그룹이 B 그룹에 비해 압도적으로 재미와 만족도가 높았습니다. 얼굴 표정을 웃는 모습으로 바꾸면 뇌는 스스로 즐겁다고 인식한다는 증거입니다.

스키마이론Schema theory이라는 것이 있는데 여기서 스키마Schema 의 뜻은 '크게 조직된 보편적인 지식'입니다. 우리의 지식, 경험이 환경을 해석하고 이해하는 데 많은 영향을 준다는 이론입니다. 예를 들어볼게요. A라는 사람을 보았을 때 뇌가 A라는 사람을 판단합니다. 만약 나쁜 사람이라는 판단이 내려지면 상대의 대화, 행동, 자세에서 우리의 뇌는 나쁜 모습만을 찾으려 합니다. 반대로 A 라는 사람을 보았을 때 좋은 사람이라고 판단하게 되면 상대의 좋은 모습만을 찾으려 하고 기억합니다. 다른 예를 들어볼까요? 여러분이 소개팅에 나갔는데, 평소 입버릇처럼 '○○부분이 싫어'라고 구조를 만들었다면 자연스럽게 상대방의 싫은 부분에만 집중하고 소개팅이 끝나고 일주일이 지났을 때조차도 상대방에 대해 싫은 포인트만 기억하게 됩니다. 반대로 '○○부분이 좋아'라고 한다면 소개팅 내내 그 부분에만 집중하고, 일주일이 지났을 때도 상대방의 좋은 부분만을 기억하게 되는 것입니다. 여러분이 만약 소개팅에 나간다면 어떻게 하면 될까요? 상대방이 나를 좋게 보도록 빌드업Build-up 해야 하지 않을까요?

원하는 목표를 이루기 위해서는 웃어야 한다

저는 웃는 것에 대해 많이 강조합니다. '몸과 마음은 연결되어 있다'라는 말은 익히 들으셨을 겁니다. 그만큼 두 가지가 함께 가는 것을 좋아하죠. 때로는 하나가 토라져 다른 방향으로 가려고도 하지만 다른 한쪽이 강하게 밀어붙이면 그 토라짐도 훨씬 나아집니다.

대부분 먼저 토라지는 것이 바로 마음이죠. 이때 마음을 잡는 방법의 하나가 내 표정을 웃는 모습으로 바꾸는 것입니다. 한 방송에서 항상 웃는 노홍철 씨에게 질문했습니다.

"홍철 씨는 항상 웃는데, 뭐가 그리 행복해서 웃나요?" 그때 노홍철 씨의 답변이 "행복하기 때문에 웃는 것이 아니라 웃기 때문에 행복한 거예요"였습니다.

정말 너무도 멋진 말입니다. 우리는 순서에 민감합니다.

이제까지 순서는 그냥 행복할 만한 일이 있어야 웃는다. A→B라는 공식으로 살아왔지만, 노홍철 씨는 순서대로 안되면 반대로도 만들 수 있다는 것입니다.

웃는다는 것이 공부하면서 얼마나 좋은지 이유를 설명하겠습니다.

'피그말리온 효과Pygmalion effect'가 있습니다. 그리스·로마 신화에 피그말리온이라는 조각가가 나옵니다. 이 조각가는 모든 정성을 기울여 자신이 생각하는 이상형에 가까운 여성의 모습을 조각했습니다. 매일 매일 머릿속에 이상형의 여성을 생각하고, 조각을 아끼고, 조각에 정성을 다하다 보니 어느 순간 조각에 대해 사랑이라는 감정이 솟아납니다. 완성된 조각을 너무도 아낍니다. 여기서 조금씩 욕심이 생기기 시작합니다. 조각이 나에게 말을 건네주고, 날 안아주고 한다면 얼마나 좋을까? 매일 매일 자신이 믿는 신에게 기도합니다.

"신이여, 조각이 저에게 말을 걸게 해주소서!"

정성에 감동한 미의 여신 아프로디테가 마침내 소원을 들어주어 조각상이 인간으로 변했습니다. 심리학에서는 이것을 '피그말리온 효과'라고 이야기합니다. 자신의 사랑과 정성이 상대를 바꿀 수 있고, 또 자신을 바꿀 수 있다는 것입니다.

이러한 것이 사람들 사이에 적용될 수 있는지 하버드 대학교 심리학과 교수였던 로버트 로젠탈 교수가 '칭찬의 긍정적 효과'를 실험했습니다. 그는 샌프란시스코의 한 초등학교에서 20%의 학생들을 무작위로 뽑아 그 명단을 교사에게 주면서 '지능지수가 높은 학생들'이라고 말했습니다. 8개월 후 시험을 치르는데 나머지 80%의 학생들보다 20%의 학생들 평균 점수가 높았습니다. 지능지수가 높다는 거짓을 담당 선생님들은 믿었고, 그 믿음이 20%의 아이들에게 많은 격려와 큰 힘을 주었기에 아이들의 자존감이 올라갔고, 성적향상으로 나타난 것입니다.

여기서 웃는 것이랑 무슨 상관이냐고 할 수 있습니다. 인간은 사회적 동물입니다. 제가 했던 여러 상담 중에 관계로부터 오는 스트레스, 상대에게 받은 한마디로 상처를 입는 경우가 많습니다. 웃는 것은 자신에게도 너무 좋은 영향이지만, 타인에게도 웃는 모습이 전달되어 '피그말리온 효과'로 행복해 보이는 모습에는 나쁜 한마디를 던질 가능성이 떨어지기 때문입니다.

'깨진 유리창의 법칙'이 있습니다. 건물의 깨진 유리창을 그대로 방치하면 나중에 그 지역 일대가 무법천지로 변한다는 이론입니다. 내가 좋지 않은 표정을 지었을 때 나를 '어려운 사람' '예민한 사람' '부정적인 사람'으로 인식하게 하여 나에게 선택권이 없는 상황을 만들 수도 있습니다.

많이 웃으세요! 행복할 상황이 있어야 웃는다는 것은 상황에 맞추어 살겠다는 의도입니다.

저는 여러분이 내가 원하는 방향으로 살겠다는 의도를 가지고 열심히 웃어보라고 강조하고 싶습니다.

한줄요약 ✎

웃으면서 공부하기!

수험생이라면 어느 정도 꾸밀 줄 알아야 한다 〈꾸밈〉

'수만휘' '오르비' 등등 수험생 전문 커뮤니티에 들어가 보면 많은 사람들이 올려놓은 게시글들이 있습니다. 대부분 학습에 도움이 되라는 글이 많은데, 이 글을 유심히 보다 보면 마음이 아플 때도 있습니다.

한 예를 들자면 '수험생의 필수강령' '실패하는 수험생들'이라는 주제로 글이 올라가 있는데, 분명한 출처는 잘 모르겠죠.

거기서 항상 등장하는 이야기 중 하나가 수험생이 꾸미면 망한다는 이야기입니다. 저는 그 부분에 동의하지 않는 편입니다. 모든 것에 하나의 방향으로 답을 정한다는 것은 분명 잘못된 것인데, 그 내용은 사람들에게 잘 보이고자 하는 심리가 강한 아이들에게는 너무도 도움이 되는 이야기이겠지만 자주 심리적인 고통을 느끼는 아이들에게는 어울리지 않는 이야기입니다. 여러분이 삶을 하나씩 상기해 보면 자신을 되돌아보았던 순간이 있습니다. 보통 힘들 때 자신을 되돌아봤나요, 아니면 행복하다고 느낄 때 되돌아봤나요? 사람들은 행복할 때보다는 힘들 때 자신을 돌아보는 경우가 많이 있습니다. 내 기본 정서가 힘들다고 한다면 내가 지금 힘든 이유를 찾기 시작하지, 더 나은 사람이라는 것을 찾으려 하지 않습니다. 그러면 그 시간이 점점 더 자신을 괴롭히는 사색의 시간이 됩니다. 인간의 의식은 의식과 무의식이라는 부분으로 크게 나뉘는데, 무의식적 행동이 자신을 기쁘게도 하고, 더 힘들게도 합니다.

저는 수험생이라면 어느 정도 꾸미라고 꼭 이야기합니다. 진한 화장을 하고, 머리에 엄청나게 신경 쓰라는 것은 아닙니다. 자신을 꾸미라는 이유는 첫 번째, 사랑은 방치하는 것이 아니라 꾸며주는 것입니다. 안 그래도 힘든 수험 생활에 자신을 사랑해야 하는데, 꾸미는 것을 하지 말라는 것은 방치하는 것이고, 점점 더 힘든 정서로 바뀔 수 있다는 것입니다. 그리고 두 번째는 무의식적으로 나타나는 행동입니다. 드라마나 영화에서 보면 주인공들이 힘든 날 무의식적으로 거울에 비친 자신의 모습을 발견합니다. 이때 구질구질하기도, 더럽기도 한 자신의 모습을 봅니다. 자신이 지금 느끼는 이 힘든 정서와 거울에 비친 자신의 이미지가 일치하여 더 나쁜 정서로 이동합니다. 그래서 저는 꾸미라고 이야기합니다.

정서적으로 힘든 순간, 거울에 비친 나의 멋진 모습을 발견한다면 더 나은 자신을 따라가려 합니다. 힘든 정서는 일시적인 감정일 뿐이고 잘못된 감정이기 때문입니다.

한줄요약 ✎

꾸밀 줄 알기.

고정관념 벗어나기 〈틀〉

  1층에는 우리 가족들이 삽니다. 3층에는 장인, 장모님이 삽니다. 아이들은 외할머니, 외할아버지를 너무 좋아하는데, 둘째가 가장 좋아하는 모습을 보입니다. 둘째는 6살 때부터 아침 6시에 눈을 뜨는 아이입니다. 누구도 그 아이를 깨우지 않습니다. 아니 깨우지 못합니다. 그런데도 이 아이는 매일 6시에 눈을 뜹니다. 보통 아침에 눈을 일찍 뜬다는 것은 목적이 있는지 없는지에 따라 달라지는 데 둘째의 목적은 하나 6시에 눈을 떠 3층 할머니 할아버지에게 간다는 것입니다.

  목사님으로 일생을 사셨던 장인어른께서 6시에 장모님과 아침 예배를 드리시는데 둘째는 그 예배에 참석하는 것을 좋아해서 매일매일 그 시간에 혼자 일어나 올라갑니다. 저는 종교가 없어서인지 그 모습이 좋아 보이지 않습니다.

  어느 날 둘째가 제게 이런 말을 했습니다.

  "아빠, 나 1층에서 3층까지 올라가는 시간이 아까워요. 때로는 예배에 늦을 때가 있어요. 그래서 저 이제부터 할머니, 할아버지랑 함께 잘래요."

  그리고 둘째는 2주 동안 내려오지 않았습니다. 7살짜리 아이가 어찌 보면 외박을 2주 동안 하는 것이었죠. 그때 괜히 기분이 좋지 않았습니다. 아이가 없기도 했고, 섭섭하기도 했고. 그 섭섭한 마음을 바로 드러내기는 제가 너무 없어 보여 "이제 집에 와서 자야지. 가족들과 함께해야지"라고 했는데 둘째는 내려오지 않았습니다.

어느 날 장모님께서 저녁을 같이 먹자고 연락이 왔습니다. 3층으로 올라갔죠.

딩동!딩동. 문이 열립니다. 문을 열어준 사람이 둘째였는데, 여러 가지 감정이 교차했습니다.

제 아이를 본 느낌이 아니라 낯선 사람이라는 느낌이 들었습니다. 너무 충격이었죠.

더 숨길 수 없는 감정이기에 아이에게 얘기했습니다.

"이제 집에서 자."

"싫어! 여기서 잘 거야."

둘째는 거절합니다. 나쁜 감정이 세게 밀려와 저는 둘째에게 "너 그럼, 내려오지 마" 하고 내려갔습니다.

너무 섭섭했죠. 제 마음에 여러 가지 나쁜 상상이 떠오릅니다. 이런 상상을 하는 제가 참으로 낯설게 느껴집니다. 그런데 나쁜 상상을 멈추도록 저를 통제하려 하지 않습니다. 다음 날이 되어도 그 섭섭한 마음은 떠나질 않습니다.

어느 날 아침에 눈을 떠보니 머리맡에 편지가 하나 놓여 있습니다.

"아빠 사랑해요."

매일 매일 이 편지가 놓여 있습니다. 7살짜리 아이에게 자존심을 내세우며 화난 척을 했는데 나보다 더 어른인 아이는 날마다 사과합니다.

마음이 누그러질 때쯤 제가 둘째에게 "저번에 아빠가 너에게 화낸 거 정말 미안해"하자 둘째는 "이미 지나간 일이잖아"라고 합니다. 일곱 살이 마흔이 넘은 저를 위로한 거였습니다.

여러 가지가 교차합니다.

'고정관념'이라는 단어가 생각납니다.

우리의 고정관념 중의 하나가 '어른이면 아이보다 훌륭하다. 어른의 말이 무조건 맞다. 나이가 어린놈이 무엇을 알겠어?' 등등 '나이'라는 고정관념입니다.

두 번째의 고정관념은 집에서만 잠을 자야 한다는 고정관념입니다. 여기저기서 잘 수 있는 것입니다. 둘째 아이가 잠을 자던 곳은 낯선 사람들의 집이 아닌 아이의 외할머니, 외할아버지 집입니다.

세 번째의 경우는 무조건 가족과 함께해야 한다는 고정관념입니다.

고정관념이란 틀이 나쁜 감정을 만들고, 아이에게 나쁜 말을 하게 했던 것입니다.

우리의 사고방식 대부분은 그 고정관념에서 나오고, 그로 인해 만들어진 것들이 감정을 만들게 됩니다. 고정관념은 누구나 다릅니다. 고정관념이라고 하는 것은 나의 부모님, 나의 선생님, 나의 학교… 서로 다른 집단에서 물든 하나의 사고방식입니다. 그렇다면 그 사고방식은 너무나 다를 수밖에 없는데, 나와 다르게 생각하고 있다고 저항한다는 것은 관계를 부정하는 것입니다. 그러한 관계는 자신에게도 심각한 상처를 입힐 가능성이 큽니다.

여러분을 힘들게도 지치게도 포기하게도 하는 모든 것들의 시작점이 바로 고정관념입니다.

그 고정관념이 올바른 것인지 아닌지 다시 바라볼 필요가 있지 않을까요?

한줄요약 📝

나의 고정관념, 다시 생각해 보기.

지금, 마음껏 웃어보세요

첫째 주
현재의 나를 인정하는 수업

불안하다면 〈심리 전략〉

중요한 시험을 앞두고 정말 필요한 게 무엇일까요?

심리 전략입니다.

첫 번째 심리 전략으로 생각해야 할 부분은 기분입니다. 기분이 좋아야 합니다.

그러면 기분이 좋아지려면 무엇보다도 대인 관계를 잘 유지해야 합니다.

대인 관계를 지속하면 외부 자극으로 감정이 나빠질 수도 있습니다.

그러면 스트레스로 힘들 수도 있지요. 이런 경우 대부분의 학생들은 일방적 선택을 하기도 합니다.

"그냥 걔하고 인간관계를 끊어버릴래요!"

저는 그렇게 할 필요는 없다고 상담합니다. 천천히 만남의 횟수를 줄이라고 합니다.

두 번째 심리 전략으로 중요한 것은 건강관리입니다. 중요한 시험을 앞두고 몸이 안 좋으면 어떻게 될 것 같나요? 시험 망칠 것 같다는 이상한 망상에 빠질 수 있어요.

그래서 저는 어느 정도는 여러분이 건강을 챙겨야 한다고 생각합니다.

가장 기본적으로 밥 잘 먹고 잠 잘 자고 어느 정도는 건강 보조제도 찾아서 먹을 필요가 있어요. 하지만 저는 개인적으로 많이 얘기하는 게 있습니다.

햇빛을 많이 받으세요!

정신적인 문제로 병원에 갔을 때, 일반적으로 약을 처방해 주는데 대개 세로토닌 계통의 약을 처방해 줍니다. 여러분이 불안하고 우울하면 세로토닌 분비가 제대로 안 되고 있다는 겁니다.

그런데 햇볕을 적당히 쬐면 자연스럽게 그 문제가 해결됩니다. 결론은 여러분의 정신 건강에 그만큼 도움이 되니 틈틈이 밖에서 산책도 하고 그러면 됩니다.

마지막으로 가장 중요한 게 있습니다.

바로 불안에 대한 심리 전략입니다. 학생들이 가장 크게 느끼는 감정이기도 합니다.

우리는 누구나 불안한 느낌이 들거나 불안한 감정으로 어쩔 줄 모르면 어떻게 될까요?

저항합니다. 그런데 저항이라고 하는 것은 멀티가 안 됩니다.

저항만 하다 보면 결국 공부가 되지 않아요. 왜냐하면 저항하느라 에너지를 쓰기 때문입니다. 그런데 수용이라는 것은 인정을 하는 거잖아요.

이제 변화에 적응하는 겁니다. 대처 능력이 생긴다는 겁니다.

불안에 대한 유익한 심리 대처 방법은 수용과 적응입니다.

다양한 시점에서 해결 방법을 찾아야 하고 준비해야 합니다.

대표적인 예가 시험을 칠 때입니다.

시험 칠 때 우리의 시간은 엄청 빠르게 지나갑니다. 정신 없이 지나가기 때문에 시간 왜곡 현상이 일어납니다. 하루가 금방 끝나요. 이때 제일 중요한 건 적응력입니다.

하지만 적응력은 훈련해서 얻어지는 겁니다.

"불안하면 안 되는데…."

"긴장하면 안 되는데…."

"왜 이렇게 불안하지! 미치겠다."

이러면 불안과 긴장에 계속 저항하는 거예요.

그러면 시험에 집중해야 할 에너지를 어디에 쓰는 걸까요?

에너지 감소가 아주 빠르게 나타날 수밖에 없습니다.

먼저 인정이 1번입니다.

"불안하거나 긴장하거나 하는 것은 당연한 거다!"

여러분이 잠을 자려고 했을 때 잠을 방해하는 큰 소음이 부엌에서 들려오는 식기 소리입니다.

이 소리가 인지되는 순간 미쳐버립니다.

하지만 우리는 저항할 필요 없이 그냥 수용합니다.

마찬가지로 시험을 당연히 긴장하는 것으로 인정한다면 불안과 긴장의 상태에서 시험 치는 훈련을 하는 겁니다. 특별한 방법은 없습니다.

자신의 모습에 더 집중하면 됩니다.

인간은 상황에 끌려가는 게 놀랍게도 큽니다.

여러분이 수능을 앞두고 있는 상황이고 지난 시간 동안 꾸준히 공부를 해왔지만, 너무 지금 지쳐있습니다.

어떻게 해야 합니까?

지금 나의 상황에서 더 열심히 하는 건 무리입니다.

그러면 그 위치와 상황에 맞게 하나씩 단계별로 차곡차곡 쌓아간다면 여러분이 가질 수 있는 불안 지수는 점차적으로 떨어질 겁니다.

한줄요약

수용과 적응.

인정하기 〈환경〉

어느 학생이 제게 온라인으로 상담을 하고 싶다 했습니다. 주제는 '외로움'입니다. 자신은 일반 기숙학원이 아니라 독학재수 기숙학원에 다니고 있다고 했어요. 여기서 독학재수 기숙학원이라는 곳은 학원에서 수업을 제공하지 않고, 면학 분위기만 잡아주는 곳입니다. 그래서 스스로 모든 일정을 짜고, 모든 것을 혼자 다 해야 하죠.

보통 재수종합반 기숙학원이 있는데 재수종합반의 경우는 1교시부터 6교시까지 수업으로 짜여져 있죠. 그래서인지 심리적으로 힘든 곳은 재수종합반 기숙학원보다는 독학재수 기숙학원입니다. 나에게 너무도 많은 시간이 주어지다 보니, 첫 번째는 무엇을 해야 할지 모르고, 두 번째는 공부를 제대로 해보지 않은 아이들의 경우는 잡생각으로 시간을 허비할 때가 많고, 세 번째는 자기하고의 대화시간이 많아져. 자칫 잘못하면 스스로 다치게 하는 여러 가지 생각을 할 때가 많습니다.

이런 세 가지가 동시에 닥치는 학생들이 생각보다 많은데, 자신이 혼자 있다는 것을 좋게 해석하지 못하는 경우가 많습니다. 좋은 해석보다는 '외롭다' '쓸쓸하다' '고독하다' 이런 식으로 스스로의 상황을 해석하죠. 타인이 이러한 이야기를 들으면 이해가 가지 않습니다. 기숙학원이라는 곳이 혼자만 있는 것이 아니라 많은 학생들과 함께 하는 곳이거든요.

저는 그 학생에게 먼저 인정하라고 이야기합니다.

'내가 있는 곳은 기숙학원이다.'

어떤 의사들은 암에 걸린 환자들에게 진단을 내리며 이런 이야기를 한다고 합니다. '먼저 암에 걸렸다는 것을 인정하십시오.' 자신이 '암'에 걸린 사실을 받아들이지 않으려 하고 저항하는 것에만 집중하면 암을 완치시킬 확률은 점점 떨어집니다. 오히려 그 반대의 결과로 끌고 가는 경우가 많게 되며, 좋은 시기를 다 놓칠 수밖에 없다고 합니다.

자신의 환경, 자신의 상황을 그대로 인정하고 바라보세요. 우리는 오늘의 행복도 중요하지만, 더 큰 행복을 미래에 주기 위해 현실을 수용하고 받아들이는 연습이 필요합니다.

한줄요약

현실을 수용하고 받아들이는 연습.

아직 늦지 않았습니다 〈마음〉

저는 어렸을 때 부모님 말씀을 잘 듣지 않았습니다. 저만의 판단을 고집했었죠. 그게 맞는 판단일 수도, 아닌 판단일 수도 있겠지만 하나는 정확한데, '후회'라는 감정을 가졌던 경우는 없었던 것 같습니다. 누군가의 말을 듣고서 제가 인생을 살았더라면 아직도 그 선택을 하게 했던 사람들을 원망하면서 제 인생에 만족하지 못했을 것 같습니다.

저는 실패를 많이 겪은 사람입니다. 몇 가지 직장시험을 준비했다 떨어진 경험도 허다합니다. 실패한 당시는 마음이 참 아팠지만 지금 생각해 보면 감사한 경험이라고 생각이 듭니다.

제가 상담을 하다 보면 너무도 감사하게 제가 경험했던, 제가 느꼈던 감정들이 대부분 도움이 됩니다.

저는 뒤늦게 '심리학'을 공부하기 시작했습니다. 28살에 시작했는데 주위에서는 지금 공부해서 뭐 하려고? 돈 낭비다, 시간 낭비다, 이런 이야기를 한 사람들이 대부분이었습니다. 그런데 이러한 조언 아닌 조언은 '시간 늦었다' '때를 놓쳤다'라는 기준으로 이야기해 준 것입니다.

우리나라에는 다른 나라에 없는 여러 가지 한국만의 특징들이 있는데, 그중 하나가 평생을 준비만 하며 살아가는 것입니다. 평생을 준비하며 살아가기에 자연스럽게 초점은 '미래'에 맞추어지며, 그리고 현재 가질 수 있는 행복이라는 감정을 사치라고 여기는 경우가 많습니다.

한국에서는 태어나면 유치원을 준비합니다. 좋은 유치원에 가기 위해 열심히 나름의 준비를 합니다. 유치원에 가까스로 입학하면 초등학교를 준비합니다. 초등학교에 들어가면 온전히 초등학교 생활을 즐기기보다 중학교 준비를 합니다. 중학교에 들어가면 고등학교를 준비하고, 고등학교에 들어가면 대학에 들어갈 준비를 하고, 대학에 들어가면 취업할 준비를 하고, 취업하면 결혼을 준비하고, 결혼하면 아이를 준비하고, 아이 낳으면 유치원을 준비하고… 이렇게 평생을 준비만 하며 살아갑니다. 선행학습이 가장 발달한 나라가 한국이죠.

준비하는 것이 나쁜 것은 아니지만 오직 준비만 하며 살아가는 인생은 너무도 가혹하게 느껴집니다. 그리고 준비하는 마음속에는 보통 '두려움'이 존재합니다. '경쟁에 뒤처지지 않을까? 좋은 대학에 가지 못하는 것 아닐까? 좋은 회사에 취업할 수 있을까?' 하는 두려움으로 삶을 살아갑니다. 무엇에 쫓기듯 말이죠.

불안이라는 신호는 나를 힘들게 하는 신호가 아니라 나를 보호해 주는 조기경보 신호라고 했습니다. 예를 들어 해일이 닥친다는 조기 경보 신호가 온다면 우리는 얼른 뛰어야 합니다.

가만히 앉아서 '어떻게 하지?'가 아니라 그냥 뛰는 것입니다. 지금 여러분의 시기를 걱정할 때가 아닙니다. 지금 내 나이에? 라는 사회가 심어놓은 잘못된 선입견으로 벗어나셔야 합니다.

시기가 적절하다는 표현에서 가장 중요한 것은 지금 당신이 마음을 먹었다는 것입니다.

15살에 공부에 대해 마음을 먹지 못하다가 25살에 공부 마음을 먹었다면 그것이 가장 적절한 시기입니다. 지금 당장 다시 시작하는 자세 응원합니다.

마음이 시키는 대로

저는 군대를 4년 넘게 다녀오고 28살이라는 늦은 나이에 대학원에 가고, 30살이 넘어서 제가 원하는 직업을 가지게 되었습니다. 3년이라는 시간 동안 외국 여행을 하면서 아르바이트만 했을 뿐이었죠. 말이 외국 여행이지 외국인 노동자 신분이었습니다.

망고도 따보고, 딸기도 따보고, 육가공 업체에서 고기도 잘라보고, 참 많은 아르바이트를 했습니다. 제가 한국에 와서 친구들을 만나면 만날 때마다 친구들이 저를 혼냈습니다. 너는 나이가 몇 살인데, 아직도 공부한다고 시간 낭비, 돈 낭비, 확실한 직업도 없이 돌아다니냐고, 네 인생을 봐. 지금 네 나이에 맞게 놀아라.

그렇게 시기를 따지기 좋아했던 친구들이 지금의 저를 가장 부러워합니다.

제 친구들은 평균적으로 25살부터 직업을 가지고 일을 했고, 40대 중반의 나이에 집 한 채를 샀습니다. 가족도 꾸렸죠. 그런데 제 친구들이 15년을 걸쳐 만들어 놓은 경제적인 부분을 저는 단 몇 년 만에 만들어 내었습니다. 친구들은 매일매일 술자리에서 '힘들다, 못하겠다'는 이야기하며 다시 아침마다 일자리로 출근하지만,

저는 매일 강의하는 것이 즐겁고, 힘들다는 생각은 거의 해본 적이 없습니다.

자신이 남들보다 늦었다는 생각에 자신의 에너지를 쓸데없이 소비하기에 자신이 나아가고자 하는 힘과 역방향의 힘이 부딪치다 보니 이러지도, 저러지도 못하는 것입니다.

미래를 아직은 판단하지 마세요. 미래는 아무도 모릅니다. 안다면 딱 하나 현재 자신이 어떤 방향으로 나아가고 있는지로 예측 가능하다는 것입니다.

너무도 먼 미래, 즉 먼 거리라 추측이 되기 쉽지 않다면 한번 그 거리를 짧게 나누어 보세요.

나이가 50이 넘은 분이 42.195km 풀코스 마라톤을 상위권으로 완주합니다. 그분이 이런 말씀을 했습니다.

"나는 그냥 5km의 목표를 잡고 8번만 성공하자. 나머지는 알아서 간다!"

하고 싶은 마음이 있는데, 시기가 여러분의 발목을 잡는다면 저는 꼭 이런 이야기를 드리고 싶습니다.

"마음이 시키는 대로 가보세요. 아직 늦지 않았습니다."

한줄요약

무엇을 하든, 아직 늦지 않음.

과거에 대한 슬기로운 대처 방법 〈과거〉

내가 어릴 때 상처받았던 일, 가정불화나 왕따를 당했던 모든 경험은 모두 상처입니다. 그 상처는 분명 지워지지 않고 하나의 흔적으로 남습니다. 그런데 그 상처를 우리가 어떻게 바라볼지를 잘 선택한다면 그 상처는 우리의 보호막이 될 수 있습니다.

많은 학생이 제게 이런 질문을 던집니다. "왜 심리학을 전공하기로 마음을 먹으셨나요?"

저는 이렇게 이야기합니다.

"내가 너무 싫어서."

아무리 열심히 살고 아무리 과거에서 벗어나려고 해도 바뀌지 않는 내 모습을 자각하다 보니 나를 알기 위해서 심리학을 전공했습니다. 그런데 재미있는 것은 대학원 동기가 약 15명 정도 있었는데, 절반 이상이 저와 비슷한 생각을 가지고 오신 분들이었습니다.

제 아버지는 정말로 엄하셨습니다. 그 엄함이 가르침에서 오는 엄함이 아니라 그냥 무서운 분이셨습니다. 저는 어릴 적 아버지의 무서운 모습, 무서운 말투 등으로 숨 막히는 하루하루를 보내며 자신감도 자존감도 낮았습니다. 그런 어린 시절에 사로잡혀 살면서 저는 아버지를 닮지 않기 위해서 노력했습니다. 아버지와 같은 삶을 살고 싶지 않았죠.

그런데 중요한 부분은 추상적인 감정으로만 닮지 않겠다는 노력은 반대로 더 닮아가려는 시도와 같다는 것입니다. 사람들은 보통 좋은 점보다는 나쁜 점을 더 쉽게 빨리 닮아가잖아요.

심리학을 전공하고 저는 방법을 찾았죠.

'포인트를 잡고 저항하자.'

저는 그렇게 술을 좋아하지 않습니다. 아버지의 영향이죠. 아버지가 좋아하는 것들을 저는 하지 않기로 한 것이죠. 아이들이 세상에 태어났을 때 아버지가 제게 했던 말투들을 생각해 보고 아버지의 말투가 아닌 제가 꿈꾸었든 드라마나 영화에서 보았던 그런 말투를 구사하기 시작했습니다.

지금 아이들은 제게 먼저 장난을 걸곤 합니다. 아이들에게 힘든 문제가 있으면 제게 와서 상담합니다. 아침에 답답해서 눈을 떠보면 어느새 아이들이 제 주위를 둘러싸고 잠을 자고 있습니다. 다행스럽게 저는 무서운 아버지는 아닙니다.

우리는 과거에 대해 계속 무작정 저항만 하고 있지 않았나요? 무작정 저항한다는 것은 여러분들의 힘만 빼는 잘못된 방법이며, 머릿속으로 실패했던 과거만 떠올리고 있다는 것은 그 상황을 다시 오도록 스스로 학습하고 있는 것입니다.

먼저 과거에 무엇이 잘못되었는지 바라보세요.

그리고 과거에 내가 그 상황에서 좋은 선택을 하지 못했다고 인정하세요.

다시 그 상황이 벌어진다면? 상황을 그리고 그 상황에서 슬기로운 대처 방법을 떠올려 보세요. 떠올리셨나요? 이제는 그 대처 방법만 떠올리시면 된답니다. 너무도 쉬운 방법이죠? 여러분에게 어려운 문제는 없습니다. 쉬운 방법을 우리가 어렵게 만들었을 뿐입니다.

한줄요약

과거에 대한 슬기로운 대처 방법 떠올려 보기.

"마음이 시키는 대로 가보세요.

아직 늦지 않았습니다."

둘째 주

몰입 수업

효율적 시간 관리 방법부터 〈집중력〉

2시간 더 공부하기

    수능이라는 목적지가 다가올수록 크게 변하는 학생들의 행동 변화 중 하나가 수면을 줄이는 것입니다. 수면 시간을 줄여가며 공부하는 친구들이 많이 늘죠. 저는 개인적으로 수면을 줄이면서 학습 시간을 늘리는 것에 무조건 동의하지는 않습니다. 수면 시간을 줄이면서 학습 시간을 늘려도 되는 사람이 있기는 하지만 소수일 뿐입니다. 대다수 학생이 수면 시간을 줄이면 다음 날 무리가 될 가능성이 높아 2시간의 수면 시간을 줄이고, 다음날 피곤해서

4시간을 놓치는 경우를 많이 보았습니다.

그리고 또 하나는 2시간을 늘리게 되면 마음도 역시 달라지는 경우가 많이 있습니다. 예를 들어 내가 밤 11시까지 공부 시간을 잡았는데, 두 시간을 늘리게 되면 11시까지의 공부 목표량을 더 늘리는 것이 아니라, 무의식적으로 내가 2시간이 더 생겼다는 마음으로 11시까지 끝낼 수 있는 양을 두 시간을 더 늘려 하는 경우밖에 되지 않습니다. 그리고 다음 날을 날려버리죠.

그런데 이때 대부분 학생들은 내가 하루하루를 다른 사람들보다 2시간을 더 했다고 착각합니다. 이 착각을 통해 다음 달 모의고사 성적에 대한 기대치를 높이게 됩니다. 실제로 공부한 시간은 10시간인데, 12시간을 공부했다고 착각하고, 그에 맞는 기대 성적이 생기다 보니 내가 원하는 성적이 나오기 쉽지 않습니다. 자기 기분으로만 열심히 했다고 착각하는 것이죠.

이렇게 자만으로 만들어진 기대심리는 어느 순간 자책하는 형태로 바뀌게 되며 어느 순간 잠시 쉬는 것이 아닌 포기의 형태로 허송 시간을 보내는 경우가 많아집니다. 그렇게 불안은 쌓이는 것입니다.

효율적 시간 관리의 방법은 큰 차이가 아닌 작은 차이를 먼저 바꾸는 것입니다.

자는 시간을 줄이기보다 아침부터 밤까지의 학습 계획에서 쉬는 시간, 점심시간, 저녁 시간을 알차게 보내는 것입니다. 짧은 10

분을 10번 정도만 효율적으로 잘 쓰면 2시간 가까이 자는 시간을 침범하지 않은 상태에서 하루를 알차게 보내게 됩니다. 이렇게 알차게 보내는 습관이 만들어지면 굳이 자는 시간을 방해하여 그다음 날 컨디션에도 나쁜 영향을 미치지 않은 상태에서 마무리까지 수월하게 갈 수 있는 것입니다.

자신을 바꾸려는 시도에서 가장 중요한 것은 무리한 계획을 세우는 것이 아니라 내 계획을 다시 찬찬히 꼼꼼하게 보고 조금씩 바꾸어 가는 것입니다.

집중력 유지하는 법

성격 유형을 보면 몰입을 잘하는 사람이 있고, 몰입을 잘 못하는 사람이 있습니다. 그리고 어떤 친구는 장기적인 몰입을 하는 반면에 어떤 친구는 단기적인 몰입을 하는 경우가 있습니다. 그런데 내가 현재 집중이 안 된다고 스트레스를 받는다면 그 시간이 더 스트레스로 작용하며 집중을 방해할 수 있습니다.

몰입의 시간은 분명 선천적인 이유로 차이가 있을 수 있지만 대부분 경험의 차이입니다.

많은 시간 동안 5시간을 집중했던 사람들은 5시간의 습관이 생기고, 1시간 집중했던 사람의 경우는 1시간의 습관이 생깁니다. 집중력의 시간을 올리는 방법은 조금씩 조금씩 시간을 늘려가는 것입니다.

한 주는 1시간 집중하고 쉬면서, 1주일 동안 1시간의 집중을 습관화시키고 다음 주는 1시간 30분 그리고 그다음 주는 2시간, 이런 식으로 집중력의 시간을 습관화시켜 나가는 방법입니다. 그런데 이 방법도 쉽지 않은 분들은 자신의 집중력 안에서 1시간 집중하고 다른 과목으로 1시간 집중하는 방식으로 몰입하는 것입니다.

　한국에서 가장 힘든 고시 공부를 3개 꼽으면 사법고시, 외무고시, 행정고시입니다. 고시 하나를 패스해도 정말 대단한데 3개 고시를 모두 패스한 고승덕이라는 분이 계십니다. 우리가 추측했을 때는 '정말 집중력이 무서운 사람이다, 한번 집중하면 10시간 정도는 거뜬하게 집중하는 사람이다'라고 할 수 있지만 이분의 말씀을 들어보면 자신은 집중을 1시간도 잘하지 못한다고 합니다. 1시간도 집중력을 잘 발휘하지 못한 사람이 3개 고시에 합격했다니 믿을 수 없죠. 이분은 1시간도 집중을 할 수 없는 자신을 인정했다고 합니다. 그래서 자신은 한 과목을 줄곧 하기보다는 한 과목 공부하다가 집중력이 떨어지면 다른 과목으로 넘어갔다고 합니다. 어떤 때는 한 시간 동안 세 과목을 공부한 적도 있답니다. 학습에서 가장 필요한 것은 집중력이라고 합니다. 수학을 공부하다가 집중이 풀렸나요? 그 멈춤의 순간, 집중력이 짧은 자신을 비난할 게 아니라 집중력을 다른 과목으로 재빨리 옮겨야 합니다.

80분 집중력 연습하기

1교시 50분, 쉬는 시간 10분, 2교시 50분, 쉬는 시간 10분.

학생들에게 한번 질문을 던졌습니다. 시험을 치다 자신도 모르게 시간을 확인했을 때가 시험 시작하고 몇 분 정도가 지났을 때였나요? 많은 학생이 40~50분이라고 합니다.

왜 이렇게 40~50분이라는 대답이 나왔을까요? 고등학교 3년이라는 시간 동안 습관이 되었기 때문입니다. 인간은 타고난 생체리듬이 있습니다. 아침이 되면 눈을 뜨고, 밤이 되면 졸리고, 밤에 유튜브 보는 습관이 생깁니다. 유튜브는 너무 재미있습니다. 짧은 영상을 보여주는 쇼츠, 릴스 영상을 보기 시작합니다. 특히 쇼츠, 릴스라는 영상은 다음에 어떤 영상이 나올지 모르는 설렘으로 계속 넘기다 보면 어느 순간 새벽 3시가 됩니다.

그렇게 매일 매일 3시까지 영상을 보다 보면 내 수면 습관이 거기에 맞추어져서 12시가 되어도 잠이 오지 않고 저녁형 인간이 됩니다. 학생들의 40~50분 경우는 대개 고등학교 때 만들어집니다. 50분 수업하고, 10분 쉬는 패턴에서 '언제 수업이 끝나나?' 시간을 보는 습관이 만들어져 시험 칠 때도 그 습관을 따르게 되는 것입니다.

그렇다면 집중 시간을 늘리는 것 역시 습관입니다.

수능에서 국어시험의 시간은 80분입니다. 그러면 이제는 80분이라는 시간을 습관화시키는 것입니다. 여기서 질문이 있을 수 있죠. 어떻게 해야 습관이 될까요? 자율학습 시간이라면 80분을 계획하고 습관화시키는 것입니다. 수업 시간을 이용한 집중력 연장 습관을 하려면 쉬는 시간을 무시하는 것입니다. 50분 수업을 듣고, 10분 쉬는 시간에 빠르게 50분의 수업 내용을 정리하는 습관을 반복하다 보면 어느새 4시간을 집중하게 됩니다. 그 습관으로 하루하루 집중력을 높일 뿐만 아니라 시험 치는 과정에서도 다른 것에 내 마음을 빼앗길 가능성이 작아집니다.

한줄요약 ✏️

집중력 연습하기.

집중이 안 될 때는 쉬운 것부터 해라 〈현명함〉

학생들에게 가장 중요한 것 중 하나가 집중입니다. 집중이라는 단어가 얼마나 필요한지 알고 있습니다. 분명 학습에서 가장 중요한 것이 집중이라는 것은 맞습니다. 그런데 여기서 큰 문제가 집중만 중요하다고만 생각하다 보니 다른 방법을 생각하지 못합니다. 오로지 집중이라는 단어에만 매몰되다 보니 현명하고 더 좋은 방법을 찾지 못합니다.

집중이라고 하는 것은 '고도의 몰입 상태'입니다. 몰입의 상태라고 하는 것은 사람마다 분명 다른 차이를 보입니다. 그 차이가 나는 대표적인 이유는 습관의 차이입니다.

1시간 동안 습관적으로 몰입을 해왔던 사람은 1시간이 최대량이며, 2시간 동안 습관적으로 몰입을 해왔던 사람은 2시간이 최대량입니다.

여기서 또 하나, 몰입을 계속했던 사람이라면 당연히 무한한 에너지가 아닌 유한한 에너지인 집중력은 고갈되기 시작하며 '쉼'이라는 것도 필요합니다.

축구 경기에서도 전반전과 후반전의 전술은 다릅니다. 대개 전반전의 전술을 보면 활동량, 공간을 이용하는 많은 체력을 요구하지만, 후반전에서는 전반전의 전술을 잘 쓰지 않습니다. 체력이 있을 때 하는 전술과 체력이 없을 때 하는 전술을 상황에 맞춰 다르게, 선수들의 체력에 맞게 적용하는 것입니다.

지금 여러분들은 많은 시간 동안 학습에 집중하기 위해 많은 정신력, 많은 체력을 소진해 왔습니다. 그렇다면 초반에 가졌던 집중과는 분명 다른 전술이 필요한 것입니다.

이러한 상담을 할 때면 저는 이렇게 이야기합니다. "먼저 네가 지쳤다는 것을 인정하자. 지쳤다는 것을 인정하는 것은 자신을 내려보는 것이 아니라 상황에 맞게 자신을 끌어올리는 방법이다. 그리고 두 번째는 집중이 필요 없는 것을 해보자. 어제 배웠던 내용을 요약하며 필기를 해보자."

여러 가지 방법이 분명히 있겠지만 저는 이런 솔루션을 주로 제공합니다.

집중이 안 된다고 모든 방법이 끝났다고 판단하기보다 지금 내가 할 수 있는 것을 찾는 것이 더 현명한 방법이지 않을까요?

<한줄요약>

지쳤을 때, 할 수 있는 것부터 하기.

잡생각 대처법 〈다른 생각〉

어떤 학생이 메일을 보냈습니다.

상담을 원한다고 하면서 자신은 너무 잡생각이 많다는 겁니다. 어느 뇌과학자는 사람은 하루에 4~6만 가지의 생각을 한다고 주장하고 있습니다. 쉽게 말하자면 잡생각을 그렇게 많이 한다는 거지요. 그런데 생각에도 가벼운 것과 무거운 것이 있습니다.

길 가다가 갑자기 전 남자 친구 혹은 전 여자 친구 같은 무거운 생각이 납니다. 가벼운 생각은 새털처럼 그냥 머릿속을 스쳐 지나갈 뿐인데 무거운 생각은 그렇지 못합니다.

'흰곰 효과'라고 하는 것이 있습니다.

인간은 잡스러운 생각을 버리기 쉽지 않다라는 이론입니다. 왜냐하면 인간은 생각하지 않고 살 수 없기 때문입니다. MBTI에서 대체로 N 성향이 이런 가능성이 큽니다. N 성향의 사람들은 흰곰을 생각하다가 갑자기 북극곰을 생각하고 나아가 코카콜라를 생각합니다.

북극곰이 코카콜라를 들고 있는 광고 이미지가 생각난 거지요.

이렇게 하나를 생각해 보라 했는데 계속 다른 생각이 추가됩니다.

반대의 경우를 보겠습니다.

흰곰 생각하지 마세요!

북극곰 생각하지 마세요!

무엇을 하지 말라고 하면 어떻게 될까요?

생각은 저항하면 할수록 없어지는 게 아니라 더 생각나고 추가됩니다.

어떻게 해야 할까요?

어떤 하나의 생각에 저항하려 하지 말고 다른 생각으로 바꾸는 시도를 해야 합니다.

무거운 생각은 박힌 돌과 같습니다.

가벼운 돌로 아무리 박힌 돌을 친다고 한들 박힌 돌이 쉽게 빠지지 않습니다. 박혀있는 무거운 생각을 정말 나에게 기쁨을 주었던 행복한 기억으로 대체하는 겁니다.

아니면 나에게 자극을 주었던 기억을 생각하면 좋습니다.

잡생각을 벗어날 수 있는 또 다른 방법은 행동이라는 자극을 실천하는 겁니다.

잡생각이 많다는 학생들한테 거의 다 통하는 방법이었습니다.

필기하는 겁니다.

소리 내 가면서 적어갑니다.

쓰다 보면 나도 모르게 쓰는 행위에 집중하게 됩니다.

잡생각이 사라져요.

수능이 가까워지면 질수록 잡생각이 날개를 훨훨 펴고 여러분의 머릿속에 맴돌 겁니다.

자신에게 맞는 적당한 대처법을 찾아 적용해 보세요.

한줄요약

잡생각이 나면 필기하기.

셋째 주

자신감을 주는 수업

나는 특별해지려고 노력하는 사람 〈작은 것〉

호랑이가 있어요. 이 호랑이는 자신이 산중의 왕이라고 생각합니다. 자신을 괴롭히는 상대가 당연히 없다고 생각합니다. 그리고 사냥할 때도 산중의 왕이기에 작은 짐승들을 잡는 것을 부끄럽게 생각합니다. 큰 짐승을 사냥해야 한다고 생각하죠. 그래서 작은 짐승들을 보면 그냥 모른 척하고 넘어가는 경우가 많이 있습니다. 당연히 큰 짐승을 보면 달려듭니다.

그런데 큰 짐승을 잡지 못하고, 오히려 자신의 몸에 상처를 입습니다. 매번 큰 짐승 사냥에 실패하다 보니 배도 고프고, 여기저기 몸에 상처 때문에 개울가에 가서 물도 마시고, 자신의 상처를 씻으려 개울가를 갑니다. 그리고 고개를 개울가로 내밀자. 자신의 모습이 보입니다. 이때 호랑이는 깜짝 놀랐습니다. 자신은 분명 호랑이인데, 개울가에 비친 모습은 고양이이기 때문입니다.

우리는 살아오면서 무조건 자신은 특별하다고 교육을 받는 경우가 많습니다. 자신이 특별하다는 것이 나쁘다는 것이 아니지만 특별함의 의도와는 다르게 해석하는 경우가 많이 있습니다. 여러분의 자존감에 대한 이야기를 하는 것이 아닙니다. 특별함을 자신의 우월성으로 잘못 착각하여 작은 것들을 놓치는 경우가 많습니다.

학습적으로도 사회적으로도 성공이라는 틀에 들어간 사람들은 큰 것만을 노리지 않습니다. 작은 것부터 더 섬세하게 주의를 기울입니다. 성공한 사람들이 작은 것에 최선을 다한다는 것이 그들의 자존감이 낮다는 것이 아니라 언제나 자신은 배울 것이 많다는 관점과 그리고 작은 것들이 모여 큰 것을 이룬다고 하는 것을 믿기 때문입니다.

때로는 자신의 위치를 정확하게 파악할 필요가 있습니다. 시험 하나 잘 보았다고 우월감을 드러내다 보면 결국 하루하루 작은 것부터 실천하려는 마음보다는 큰 것만을 쫓는 경우가 많습니다. 상식이라고 생각하는 문제들을 보기보다 어느 순간 어려운 킬러 문항, 고득점의 문제만 쫓기 시작한다면 그 결과는 어떨까요?

특별함은 우월성이 아닙니다

'나는 특별한 사람이 아니다. 나는 특별해지고자 하는 사람이다.'

제가 오프라인 강의에서 학생들에게 함께 외치는 구호입니다. 지금 이 글을 읽고 있는 우리 학생들의 경우 대부분 자신을 특별한 사람이라고 생각하며 살아왔지만, 현재 자신을 보면 특별한 모습이 보이지 않는 특징이 있다고 생각합니다. 저는 미안하게도 자신이 특별하다고 하는 생각을 뒤집습니다.

'특별한 사람이 되기 위한 사람이다.'

1년간의 수험 생활에서 중간쯤 7월이 넘으면 날씨도 무덥고, 점점 체력이 빠질 시간입니다. 체력이 점점 빠진다는 것은 정신력도 낮아질 가능성이 커지고, 정신력이 낮아진다는 것은 의지력, 인내심이라는 에너지도 낮아질 수 있음을 암시합니다.

자신이 특별하다는 생각을 가지면 보통 자신을 과대평가합니다. 과대평가를 하게 되면 작은 것보다는 큰 것을 쫓기 시작합니다.

한번 예를 들어볼게요. 헬스장은 광고를 참 잘하는 것 같습니다. 인간의 심리를 잘 이용하죠.

헬스장 사용료가 한 달에 30만 원, 6개월은 90만 원, 12개월은 120만 원이라면

보통 어느 가격을 선택할까요? 120만 원을 선택하는 경우가 많

습니다. 한 달 30만 원인데, 6개월은 절반 가격이죠. 이 할인 혜택도 큰데, 120만 원은 1/3 가격이기에 우리는 나름 논리적으로 계산하여 12개월을 선택합니다.

여기서 우리의 과대평가가 적용됩니다. 12개월이라는 시간 동안 1/3의 가격을 선택하는 이유는 12개월 동안 자신이 하루도 빠짐없이 다닌다는 과대평가 때문이죠. 그렇게 선택한 헬스장을 12개월 꾸준히 다니는 경우가 많을까요?

자, 여기서 다시 질문을 던집니다.

헬스장 가는 게 힘들까요? 아니면 헬스장 가서 3시간 동안 열심히 운동하는 게 힘들까요?

다시 질문을 합니다.

헬스장 가는 게 쉬울까요? 아니면 헬스장 가서 3시간 동안 열심히 운동하는 게 쉬울까요?

다른 질문이지만 같은 대답이 나올 거예요.

헬스장을 가는 게 힘들어서 가지 못했지만 다르게 생각하면 3시간 동안 열심히 운동하는 것보다는 그냥 헬스장까지 가는 게 더 쉽다는 것입니다.

우리는 무엇인가를 행동하기 전에 예측하는 경우가 많은데, 그 예측부터 어려운 과제를 던지면 쉽게 포기하는 경우가 생기거나 자기 합리화를 합니다.

한번 목표를 쉽게 해보시면 어떨까요? '헬스장 가서 열심히 운

동해서 살을 빼자'보다는 '그래! 헬스장 가는 데만 집중하자'라든
가 더 쉽게 '일단 운동복으로 갈아입기만 해보자' 등.

자신을 너무 과대평가하게 된다면 이렇게 쉬운 목표를 망각합
니다.

남학생들 역시 가슴 근육을 키우기 위해 팔굽혀펴기를 하는데,
계획을 너무 무리하게 잡는 경우가 많죠. 하루에 300개는 해야겠
다고 하지만 점점 그 300개 실행률은 떨어지죠.

자신을 너무 과대평가하여 특별함을 부여하다 보니 쉬운 과정
이 식상하게 느껴진 거죠.

그냥 목표를 바꾸세요.

'일단 엎드리기만 하자.

그리고 한 번에 300개가 아닌 한번 엎드렸을 때 20개를 15번
해보자!'

이렇게 목표를 낮추는 겁니다.

지금 여러분이 '10시간 집중하자'라고 무리하게 목표를 잡기보
다는 일단 의자에 앉아서 책을 펴는 것부터 시작해 보세요.

한줄요약

쉬운 목표부터 실천하기.

슬럼프 탈출 방법2 〈의미 부여〉

어떤 목표를 향해 준비하는 과정에서 대부분의 사람은 의미를 가지고 출발합니다. 의미를 찾지 못하면 시작하는 데 어려움을 겪고, 의미 부여에 따라 어려움을 견디는 강도가 달라집니다. 예를 들어 상대에게 사랑이라는 감정을 지니게 되면 상대에게 큰 노력을 하게 되고, 사랑의 감정이 사라지게 되면 어느 순간 내가 이렇게까지 해야 하나?, 라고 하며 노력을 멈추게 됩니다. 사랑이라는 의미가 사라졌음에도 불구하고, 그 옆에 있어야 한다는 억압된 마음이 생기면 이때부터 커플은 슬럼프에 빠지기 시작합니다.

우리가 학습하는 과정도 이와 비슷합니다. 공부를 왜 해야 하는지 의미가 부여된 경우와 의미가 부여되지 않았을 경우는 동기 부여에서 차이가 납니다. 공부해야 하는 의미가 강하면 강할수록 공부라는 어려운 과정에서 몇 번이고 슬럼프에 빠질 가능성이 커집니다.

"선생님, 저 동기 부여가 안 돼요. 동기를 잃어버린 것 같아요."

학생들이 제게 찾아와서 이렇게 하소연합니다.

저는 학생들에게 되묻습니다.

"동기라고 하는 것은 유한한 마음일까? 아니면 무한한 마음일까?"

"유한한 마음이요."

동기라는 것은 분명 유한한 마음이지, 무한한 마음은 아닙니다.

휴대전화를 사서 한번 충전하면 끝이 아니라 에너지가 없어지면 언제든지 다시 충전해야 합니다. 내가 행동하게 하고, 힘든 과정에서 나를 이겨내게 하는 힘 중의 하나가 '동기'이기에 우리는 매번 충천할 필요가 있습니다.

힘들 때만, 스스로를 긍정적으로 다독이는 것이 아니라 끊임없이, 언제든지 긍정적으로 의미 부여를 할 필요가 있습니다.

학생들만 슬럼프가 오는 것은 아닙니다.

선생님들 역시 슬럼프에 빠집니다.

"힘들어, 내가 이렇게 살아야 하나?"

"내가 이렇게 열심히 한다고 해서 알아주는 것도 아니고, 맨날 몸도 아프고 이렇게 살아야 하나?"

그런데 슬럼프에 잘 빠지지 않는 분들도 있는데, 그분들은 자신의 현재 모습을 탓하는 이야기보다는 다른 곳에 집중하는 이야기를 자주 합니다.

자녀가 있으신 분들은 자신의 힘든 모습을 한탄하기보다 언제든 무의식적으로 즐거운 것에 초점을 맞춥니다.

"우리 아이들을 위해 잘 버텨야 해."

"우리 아이들 너무 예쁜 거 있지? 이번에 키도 엄청나게 컸고, 자는 모습이 너무 예쁜 거 있지?"

학생들 역시 슬럼프에 잘 빠지지 않는 경우는 마찬가지로 긍정적 의미 부여를 합니다.

"힘들수록 뭔가 내가 열심히 하는 느낌이 너무 좋은 것 같아!"

"다들 힘들지 않아요?"

"이제 얼마 안 남았잖아요."

"한 달 전에 비해서 공부 시간이 한 시간 늘었어요.".

저도 마찬가지입니다. 몇 년 전부터 탈모가 진행되었습니다. 탈모가 너무 심하다 보니 병원을 찾았습니다. 의사 선생님께서는 먼저 제 직업을 물어보셨는데, 심리라는 주제로 강의하고, 상담을 진행한다고 했습니다. 의사 선생님께서 상담은 몇 건이나 하는지 물으셔서 일 년에 보통 1천 건 가까이한다고 했습니다. 의사 선생님께서는 감정을 다루는 상담의 경우는 본인이 느끼기보다 스트레스가 많으니, 상담을 줄이라고 했습니다.

누구나 머리카락이 빠지면 너무도 마음이 아플 거예요. 저 역시 그때 많은 생각을 하게 되었죠.

상담의 경우는 여러 가지 케이스가 있는데, 90%는 무료 상담입니다.

제 강의를 신청해 준 아이들을 위해서 무료로 상담하다 보니 상담해야 하는 의무가 없는 것이죠. 순간 상담을 확 줄여 버릴까, 하는 생각도 했지만, 결국 탈모약을 먹기로 하였습니다.

상담은 제게 머리카락까지도 내려놓을 정도로 큰 의미가 있습니다.

저는 학생들에게 '심리 선생님'입니다.

'심리 선생님'이라는 것이 누구에게는 하나의 직업에 불과하겠지만 그 직업을 너무도 사랑합니다. 누군가 제게 직업을 왜 사랑하느냐고 묻는다면 100가지 이상을 구체적으로 대답할 수 있습니다. 구체적으로 대답을 할 수 있다는 것은 많은 시간 동안 제 직업을 사랑할 수밖에 없는 이유를 끊임없이 이야기했기 때문입니다. 하나의 의미입니다.

이런 의미가 매번, 매 순간 긍정적 에너지를 저에게 충전해 주기 때문에 슬럼프가 와도 제가 넘을 수 없는 벽은 아니므로 상관없다는 관점으로 바뀝니다.

여러분들은 공부하는 자신의 모습에 하루에 몇 번 의미를 부여하고 있나요?

좋은 의미 부여는 목표를 향해 달리는 좋은 에너지입니다.

나쁜 의미 부여는 목표를 향해 달리는 나쁜 에너지입니다.

먼저 매일 아침 일어날 때부터 거울에 비친 자신의 모습을 보며 소리 내 보세요.

"나 정말 잘하고 있어! 내가 원하는 하루를 만들고, 이렇게 쌓이면 분명 잘될 거야."

그리고 잠들기 전에 꼭 소리 내 보세요.

"오늘 하루, 나 진짜 수고 많았어. 완벽했어. 내일도 이런 모습 또 해내자!"

언제든지 긍정적으로 의미 부여하기.

넷째 주
즐겁게 공부하는 수업

공부를 즐겁게 할 수 있는 비결 〈상상〉

강아지 한 마리가 있습니다. 이 강아지에게 음식을 보여주자, 침을 흘립니다. 그런데 이번에는 강아지에게 바로 음식을 주지 않습니다. 종소리를 먼저 들려줍니다. 그리고 음식을 보여줍니다. 강아지는 음식을 보고 침을 흘립니다. 이러한 과정을 반복합니다. 강아지는 종소리를 듣고 음식을 보고 침을 흘립니다. 그렇게 반복학습을 한 강아지는 종소리를 듣자마자 음식이 나올 것을 예상하고 침을 흘립니다. 다음에는 음식이 나오지 않아도 종소리를 들으면 침을 흘리는 반응을 보입니다.

심리학을 모르는 분들도 아시는 이 실험은 '파블로프의 개 실험'입니다. 여기서 강아지는 음식이라는 자극에 대해 침이라는 반응을 보이는 것인데, 종소리라는 중성 자극을 주니 음식을 보기도 전에 침이라는 자극으로 바뀝니다.

학생들에게 공부와 재미에 관해 물어보면 재미있다고 대답하는 사람들은 거의 없습니다. 보통 공부가 재미있다고 이야기하는 학생들의 이야기를 들어보면 공부가 재미있는 것이 아니라 내가 무엇인가 해내고 있다는 그 느낌이 좋아서 공부가 재미있다고 착각하는 학생들이 많이 있습니다. 그만큼 기분, 감정이라고 하는 것은 내가 어떤 일을 수행하게 하는 데 큰 도움이 되고, 그리고 그 도움에 재미있다고 하는 착각까지 불러일으킬 수 있습니다.

우리가 책상에 앉을 때 공부를 대하는 감정을 이야기해 보면 억지로 공부하는 경우가 많습니다. 그렇게 억지로 공부하는 반응의 특징은 공부하기 전부터 "짜증 나, 언제까지 해야 해! 힘들어 죽겠어" 등의 나쁜 감정을 공부에 연결하는 것입니다. 마치 종소리 중성 자극처럼 말이죠. 안 그래도 지루하고 힘든 공부에 우리의 나쁜 감정을 연결해 놓으면 공부에 저항하게 만들지 절대 가깝게 만들 수는 없습니다. 다른 예로 여행 - 사고 - 위험이라는 감정과 상상을 연결하다 보면 여행은 즐거움을 주는 단어임에도 불구하고 우리는 여행을 피할 수밖에 없습니다.

공부에 긍정적 감정을 연결하고, 그 감정과 관련된 상상을 발휘해 봅시다.

공부 - 즐겁다, 기대된다, 해낸다 등의 좋은 감정을 연결하고 - 상상(자신의 즐거운 미래)을 잇는 연습을 하는 겁니다. 이 반응의 연결을 학습하다 보면 어느새 공부가 나에게 저항감을 주는 것이 아니라 즐거움과 기쁨의 화수분이 될 것입니다.

공부에 긍정적 감정 연결.

기분이 좋아야 집중이 잘 된다 〈기억〉

"어떤 날은 공부가 잘되지만 어떤 날은 공부가 잘 안 돼요. 거기에다가 망하면 어쩌나 하는 불안감이 들어 더 공부가 안 됩니다."

이렇게 토로하는 학생들을 많이 만나봅니다. 거기에다 수능이라는 문턱까지 온 수험생이라면 더욱더 그럴 것입니다. 이런 경우 대체로 그 원인은 '쫓긴다'라는 느낌으로 공부하기 때문이죠. 그리고 두 번째의 경우는 착각에서 옵니다. 바로 내 체력이나 집중력, 끈기, 의지 등의 감정들이 일관성이 있다고 착각하는 것입니다. 뇌과학자들이 이야기하는 것 중 하나가 인간의 뇌는 시시각각

바뀐다는 것입니다. 이것은 우리의 감정이 일관성이 없다는 것을 의미합니다. 사물 역시 변하지 않는 것이 없습니다. 견고해 보이는 건물이 있어도 세월이 흐르면서 건물이 낡아지고 그 건물을 다시 지어야 하는 경우처럼 말이죠.

병원에서도 의사들이 어떤 병에 대해 환자에게 이야기할 때 먼저 병에 걸렸음을 인정해야 한다고 이야기합니다. 그 이유는 그 사실을 인정하지 않고 저항할 때 생기는 스트레스가 더 치명적일 수 있기 때문이죠. 오늘 내가 집중하기 어렵다면 그것을 인정하고 받아들여야 합니다.

'아, 오늘은 내가 집중이 잘 안되는구나.'

그러면 조금 쉰다거나 아니면 집중하지 않고 학습할 수 있는 것을 찾으면 됩니다.

저는 이런 경우 아이들에게 이런 말을 던집니다. "선택을 잘해야 한다."

현재 집중이 필요한데 집중이 너무 안 되면 보통 자신을 탓하고, 다음 단계로 결국 자신의 미래를 자책의 감정을 바탕으로 좋지 않게 예측합니다. 그런 선택보다는 어제 배운 내용을 필기하면서 요약 정리를 한다던가 아니면 내가 자신 있게 할 수 있는 과목으로 잠시 이동하여 꽉 막힌 내 스트레스를 풀어주고 다시 해야 하는 과목을 해보세요.

우리는 너무도 잘 알고 있습니다. 기분이 좋아야 집중도 잘 되고, 기분이 좋아야 인내심도 길러진다는 것을.

좋은 기억은 좋은 감정을 만든다

대부분 사람의 기억에는 감정도 함께 공존하는 경우가 많습니다. 사람들이 기억을 잘하는 내용을 살펴보면, 이야기가 있고 감정이 개입되어 있습니다. 우스갯소리로 여성과 남성을 예로 들자면 여성들이 기억을 잘하는 것 같습니다. 어느 길거리에서 연인으로 보이는 남녀가 말다툼하며 티격태격하고 있었습니다.

"너, 또 그랬잖아! 작년에도 올리브 영 앞에서 내가 기다리고 있는데 10분이나 늦고….."

그때 남성의 얼굴을 바라보니 작년의 일을 전혀 기억하지 못하는 듯했습니다. 남성은 "미안해"라고 사과로 대처했는데, 여성은 여기서 그치지 않고 "뭘 잘못했는데?"라고 되묻습니다.

이 상황에서 남성은 기억 못 합니다. 여성은 기억합니다. 여성이 남성보다 감성 능력이 뛰어나다고 하는데, 딱 들어맞는 이야기입니다. 여기서 여성 역시 처음 있는 일이라면 조용히 넘어갈 수 있겠지만 작년 일과 같은 상황이었기에 더 화가 난 겁니다.

감정이 개입된 기억은 그날의 감정을 다르게 하는 힘이 있습니다. 오늘 내가 아무리 좋은 감정이 있더라도, 안 좋은 감정의 기억을 떠올리게 되면 오늘 내 기분이 안 좋아질 가능성은 아주 큽니다.

과거에 무조건 매이지 말라고 이야기하는 분들이 있지만, 과거를 떠올리는 자체가 안 좋은 것은 아닙니다. 기분이 안 좋을 때는 감정이 좋았던 기억을 떠올리면 오히려 현재 느끼는 나쁜 감정을 반감시킬 가능성이 큽니다. 시험을 망쳤던 기억이나, 누구에게 괴롭힘을 당하는 기억이나, 스트레스를 받았던 기억은 선택하지 않는 것을 추천합니다. 좋았던 기억을 떠올리면 지금의 감정이 훨씬 나아지고 그 감정으로 집중하는 것이 더 현명한 방법이 아닐까요?

좋은 기억,

단어 바꾸기 훈련 〈표현〉

감정이라는 놈은 보통 어떤 상황에 의해서 흔들릴 수 있어요. 우리가 미래를 생각하다가도 암담해지는 느낌이 들어 막 감정이 흔들리기도 해요. 그런데 감정이 흔들리는 원인 중 하나는 뭘까요? 바로 단어입니다. 어떤 친구가 갑자기 여러분한테 "너 진짜 바보다!"라고 하면 어떤가요? 되게 기분이 나쁘죠? 하지만 "너 진짜 잘생긴 것 같아!"라고 말하면 괜히 기분 좋아지죠? 그 얘기는 뭐냐 하면 단어에 따라서 여러분의 감정이 바뀐다는 겁니다.

특히 여러분이 시험 칠 때를 가정해 보세요. 분명 기분 좋을 때 시험을 좀 더 잘 치죠?

기분 좋으면 잘 모르는데도 답을 추측하게 될 때가 많이 있을 수 있습니다. 시험 전날까지 열심히 공부하는 것이 가장 중요하지만, 시험 보는 그날, 내가 어떤 감정을 가지느냐가 정말 중요합니다.

여러분은 분명히 이러한 사실을 알고 있다고 생각해요. 하지만 여러분은 '기분 좋아지는 것'을 그냥 로또 당첨되는 것처럼 운에 맡기고 있습니다. 정말로 우리가 알아야 하는 것은 충분히 노력하면 기분을 바꿀 수 있다는 것입니다.

어떻게 해야 할까요?

가장 쉬운 방법은 바로 단어와의 싸움입니다. 예를 들어보겠습니다.

학생들은 시험 전에 "긴장된다"라고 많이 말하죠. 시험 시간이 점점 다가와요. 이런 상태에서 우리는 일반적으로 '긴장하면 안 돼!'라고 속으로 외치잖아요. 여러분이 마음속으로 이렇게 외쳤을 때 실제로 긴장이 멈추던가요? 더 긴장되던가요? 더 긴장되지 않나요?

그 이유는 우리가 부정적으로 봤을 때는 그 부정이 훨씬 더 강해지고 약해지지는 않습니다.

"괜찮다!"

"정말 나는 괜찮다!"

"아! 설렌다."

그래서 제가 학생들한테 꼭 얘기해 드리는 것 중 하나가 있습니다. 생각은 막으면 막을수록 더 강해지고 또 "아니야, 아니야!"라고 저항할수록 생각은 커지거나 변형되는 경우가 많아집니다.

어떻게 해야 할까요?

단어를 바꾸는 겁니다.

여러분이 지금 마음속으로 외치는 겁니다.

"괜찮다!"

"정말 나는 괜찮다!"

"아! 설렌다."

'긴장하다'와 '설렌다'라는 말을 들으면 여러분의 맥박이 뛰고 호흡이 빨라집니다. 그런데 여기서 뭐가 다를까요? '긴장'이란 단어는 불안한 생각으로 연결됩니다.

'설렘'은 어떨까요? 여러분이 시험을 앞두고 설레요. 마치 좋아하는 사람을 만났을 때와 같은 느낌이지요. 두 개의 단어는 완벽히 다릅니다. 그래서 여러분이 쓰는 모든 단어를 더 좋은 표현으로 바꾸시는 게 좋은 겁니다.

'어리석다'라는 단어도 보겠습니다.

"나, 왜 이렇게 어리석지? 짜증 나!"

이런 말을 하거나 들으면 나쁘죠? 제가 저의 아이에게 이런 말을 하면 어떻게 되겠습니까?

이 아이가 나중에 지혜로운 선택을 할 수 있는 사람이 될 수 있을 것 같아요? 없을 것 같아요? 아마 아이 스스로 암시합니다.

'나는 어리석은 사람이니까 이렇게밖에 못해요.'

무의식적인 표현이 나오고 실수가 잦아질 겁니다. 그럼 '어리석다'를 바꿀 수 있는 게 뭘까요?

따라 하세요!

"배울 게 많다."

"너, 진짜 배울 게 많구나!"

이렇게 말해보세요. 좀 센 표현 바꿔볼까요?

"너 진짜 끔찍하다!"

'끔찍'이라는 단어가 나오면 '끔찍'이 관련된 상상이 계속 여러분을 힘들게 해요. 그럼 어떻게 하면 좋을까요? "치워야겠다"로 바꿔보세요. 끔찍한 게 있으면 치워야 해요. 무슨 말인지 아시겠죠?

또 하나 더!

학생들이 많이 얘기하는 것 중의 하나가 "선생님, 저 게을러요"입니다. 따라 해보세요.

"에너지 비축 많이 했다."

'게으르다'라고 스스로 암시하다 보면 거기서 잘 벗어나지 못합니다.

내가 게으른 것을 인정하고 지금 해야 하는 것을 안 하는 내 모습이 짜증 나겠지만 에너지 비축을 많이 했다고 생각하면 그 에너지를 어떻게 다시 쓸지를 생각하겠죠. 이것이 바로 여러분의 행동으로 나타나는 결과 중의 하나입니다.

바로 이렇듯 단어가 중요한 겁니다. 특히 제가 상담을 하면서 알게 된 사실 중 하나는 부모님과 학생들 간의 마찰의 주된 이유가 단어라는 겁니다.

"엄마, 아빠는 나한테 이렇게 얘기해주면 되는데 왜 그렇게 얘기를 하지?"

"좀 좋은 말 쓰면 안 돼요?"

여러분 잘 생각해 보세요. 과연 여러분 스스로 좋은 말을 쓰나요?

타인에게서만 좋은 말을 들으려고 하는 거 아닌가요? '질투'라는 단어의 예를 한 번 보죠.

"아, 나는 왜 이렇게 질투심이 많지?"

"쟤는 진짜 질투심이 너무 많은 것 같아!"라고 하면 상대방도 나도 뭔가 문제가 있어 보이지 않나요?

한번 따라 하실래요?

"너는 사랑이 넘친다. 정말!"

이렇게 다른 겁니다.

내가 쓰는 단어와 듣는 단어를 바꿔보세요.

그러면 상처받을 일이 없거나 줄어들 겁니다.

어떠한 상황에서도 여러분은 유연하게 대처할 수 있을 겁니다.

그렇게 유지하다 보면 결국 훨씬 더 좋은 감정으로 시험을 치를 수 있을 거예요.

다시 한번 정리해 볼게요.

"긴장하다"가 아니라 "설렌다!"

"망하면 어떡하지?"가 아니라 "지금 기대 많이 하고 있구나!"

"지금 불안하다"가 아니라 "오늘 조금 설렌다!"

여러분이 그 단어들을 뇌에 인식하기 시작하면 그것들이 바로 감정에 전달되기 시작합니다.

이 감정은 여러분의 생각과 행동이 어떤 식으로 나올지 결정하게 된다는 사실을 알아야 합니다.

학생들과 상담하다 보면 이런 얘기를 많이 듣거든요.

"왠지 심리 선생님하고 얘기하다 보면 뭔가 마음이 편해져요."

제가 달리 한 것은 없어요.

딱 하나입니다.

말하는 표현 방식 그리고 단어죠!

여러분이 단어를 전환하다 보면 마음이 편해질 거라는 사실을 알 겁니다.

어찌 보면 여러분이 하는 모든 행위는 행복하기 위해서입니다.

그 행복을 위해서 가장 기본적인 선택이 단어라는 것!

잘못된 단어 선택으로 여러분이 원하는 감정 상태가 나오지 못해 타인에게 조종되는 삶을 살 수도 있어요.

사랑의 떨림이 왔을 때

"왜 떨리지? 심부전증인가? 나 심장병 있나?"라고 착각하면 안 되겠죠?

"설렌다!"

그 상대와 손을 잡고 길거리를 걸으면서 데이트하면 얼마나 좋겠냐고 설렘의 표현을 했으면 좋겠습니다.

오늘도 설레는 마음으로 내일을 생각했으면 좋겠습니다.

한줄요약

> 좋은 말 쓰기.

10월

지금, 신나게 공부하기

첫째 주
현재의 나를 인정하는 수업

성적 예측 〈기대치〉

많은 학생이 제게 묻는 것이 있습니다. 시험을 치기 전에 자신이 원하는 시험점수를 예측하고 시험을 치는 것은 좋은 예측인가요? 나쁜 예측인가요?

좋은 예측과 나쁜 예측으로 나누는 것은 저에게 답이 있는 것이 아닙니다.

다만 제가 드릴 수 있는 나름의 올바른 대답은 하나입니다.

자신이 그 예측과 빗나간 상황을 감당할 수 있는지 없는지에 따라 달라집니다.

예를 들어 시험 칠 때 80점을 예측합니다. 결과는 80점이죠

그럼 기쁜 감정이 듭니다. 그런데 100점을 기대합니다. 결과가 80점일 때 그 실망이라는 감정을 잘 견뎌낼 수 있다면 괜찮습니다.

많은 사람이 예측이 높을수록 실망하는 마음도 마련되어 있습니다.

어느 학원에 삼수하는 학생이 있었습니다. 그 학생은 A라는 학원에 다녔는데, A라는 학원은 관리가 엄격한 기숙학원입니다. 선생님들 역시 학생들 관리를 철저하게 하셨습니다.

그리고 원하는 성적이 나오지 않아 삼수하게 되었는데, 그 학생은 B 학원으로 들어갔습니다.

두 학원에 출강하다 보니 그 학생과 2년이라는 시간을 함께하게 되었는데, B 학원에 대한 그 학생의 평가가 A 기숙학원과는 달랐습니다.

자율적이고, 선생님들과 학생들과의 관계도 너무 친근하다고 이야기했습니다.

그렇게 하루하루를 잘 보내고 있던 학생은 어느 날부터인가 B 학원에 대해 부정적인 이야기를 합니다.

"학원이 제 말을 듣지 않아요. 학원이 자기 마음대로 해요. 시간표부터 마음에 들지 않아요. 선생님들도 학원도 학생들의 의견을 듣지 않아요."

제가 학생에게 이런 이야기를 했습니다.

첫 번째 "너 B 학원에 대한 기대치가 아주 높았구나?"

두 번째 "어느 순간부터 네가 학원을 운영하려고 하는구나!"

기대치가 높으면 자신의 감정에 매몰되어 결과를 바라보는 경우가 많이 있습니다. 자기 뜻대로 되기를 원하다 보니 실망감과 동시에 짜증이라는 감정이 개입되기 시작하는 것입니다.

'성공'이라는 주제로 쓴 책에서 이런 글을 발견했습니다.

"사업을 하기 전에 가장 중요한 것은 사업을 낙관적으로 바라보는 기대치를 높이기보다는 가장 비관적으로 1년을 보낼 생각을 해라. 적어도 당신의 마음이 다치지 않게 성공하기까지 버틸 힘을 쓸데없는 감정에 소비하지 않는다."

한줄요약

성적에 대한 기대치를 너무 높이지 않기.

자신의 진짜 모습을 보이고 있나요? 〈약점〉

사랑하는 대상이 있습니다. 사랑하는 대상에게 사랑받기 위해서 온갖 노력을 합니다. 상대방에게 자기 마음을 전달하기 위해

꽃을 주기도, 편지를 주기도 하며 여러 가지 방법을 시도합니다. 온갖 노력을 해서 고백을 하지만 성공률이 높지는 않습니다. 상대가 자신의 고백을 받아주지 않는 이유는 여러 가지라고 볼 수 있겠지만 고백하는 사람을 확실히 '신뢰'할 수 있는지 의문을 가지기 때문입니다. 연인이란 관계는 누구보다 더 가까운 사이가 되는 것이며, 자신의 모든 것을 보여줄 수 있는 관계입니다. 상대가 아무리 멋지고, 상대가 아무리 가진 것이 많아 보여도 무조건 그 부분에만 관심을 가지지 않습니다. 이유는 사람은 누구나 가면을 쓰고 살아가다 보니 너무 좋은 모습을 보이는 상대에 대해서 자연스럽게 '의심'을 할 수 있는 것입니다.

'82일간의 기록'이라는 해군 특수부대 SSU 훈련 과정을 담은 영상을 보았습니다. SSU에 들어가기 위해 82일간의 기본 훈련 과정을 버텨야만 진정한 SSU가 되는 것인데, 여러 훈련생들의 개인 인터뷰도 볼 수 있습니다. 이곳에서 82번 훈련병의 인터뷰가 가장 인상 깊었습니다. PD가 훈련병들에게 "SSU는 이렇게 힘든데 왜 신청하셨습니까?"라고 질문을 하자 훈련병들 대부분이 "강해지기 위해서입니다! 남자 아니면 특수부대 아니겠습니까?"라고 답을 했습니다. 그런데 82번 훈련병의 대답은 달랐습니다.

"제가 너무 여리고 나약하고 의지도 약하고…, 특수부대가 아무나 버티는 곳이 아니잖아요?"

이 말 한마디를 들어보면 이 훈련병은 자신의 약점을 파악하고, 약점을 드러냈고, 특수부대가 얼마나 힘든 곳인지 알면서도 들어오게 된 것입니다.

자신의 약점을 드러내서인지 더 신뢰감이 생기고, 자신의 굳은 의지를 나타내는 것이 느껴졌습니다.

『공부에 지친 학생들을 위한 심리 수업』(1학기 편)에서 이런 이야기를 했던 적이 있습니다.

과욕과 욕심의 차이는 스스로 자기 위치를 파악하는 것과 동시에 자신의 약점을 인정하느냐, 인정하지 않느냐에 달려있습니다.

지금 여러분은 자신의 진짜 모습을 보이고 있나요?

한줄요약 ✏️

> 자신의 위치 파악.

불안을 느끼면, 지금 당장 무엇을 해야 한다 〈신호〉

'불안'이라는 주제는 너무도 많은 책과 영상에서 언급하는 주제입니다. 불안에 대해 느끼는 생각을 크게 나누면 한 편에서는 나쁜 현상이라고 하고, 어떤 사람은 좋은 현상이라고도 합니다. 이때 좋은 현상이라는 것이 말이 되는 이야기인가, 의아해하는 분들이 많을 것입니다. 어떻게 불안이라는 마음이 좋은 현상이 될 수 있지? 이전 제 모습이었다면 나쁜 현상이라는 데에 무조건 동의합니다. 그런데 지금은 무조건 나쁜 현상이라고 하지 않습니다. 잘 이용만 한다면 말이죠.

'토끼와 거북이'라는 동화가 있습니다. 거북이가 토끼와 달리기 경주를 해서 이겼습니다. 그런데 거북이가 땅이 아닌 바다라는 환경에서 수영으로 게임을 했더라면 좀 더 쉽게 이기지 않았을까요? 저는 거북이가 안타까웠죠. 자신에게 주어진 장점을 파악하지 못한 것 같았습니다.

학생들과 이야기해 보면 대부분 자신의 단점만을 이야기하고 장점을 말하지 못합니다. 단점이라는 것은 보통 자신에게 없는 것을 얻으려는 욕구에서 시작합니다. 장점은 대개 자신에게서 장점을 찾았다고 하는 표현이 더 맞는 것이죠.

불안은 누구나 가지고 있지만, 누군가는 이 불안을 잘 이용하고 누군가는 불안을 이용하지 못하고 불안이라는 것에 지쳐 버립니다.

인간의 본성에서 가장 강한 것이 '생존'이라는 본성입니다. 생존을 토대로 나도 모르게 정서가 바뀌는데 불안이라고 하는 것은 '강력한 나의 생존 알람'입니다. 내가 더 나아지기 위한 하나의 알람이죠. 이 알람은 누구나 다릅니다. 아침 7시에 꼭 일어나야 하는 사람은 7시라는 시간에 알람이 울리고, 어떤 사람은 8시에 울립니다. 일어나야 하는 이유와 목적이 다르기 때문입니다.

불안이라는 알람은 여러분이 자기 암시를 했던 것에 따라 달라집니다. 성격이 우유부단하다는 사람들은 비교적 욕심이 없습니다. 자주 생각하는 방향성대로 '쉬고 싶다' '편안하게 있고 싶다' 등을 자신에게 암시를 주다 보니 '불안'이라는 알람이 잘 켜지지 않습니다. 그런데 성장 욕구가 큰 사람들의 경우 '이 대학에 가야 한다' '이 직업을 가져야 한다' 등을 계속 자기 암시하다 보니 알람이 그 기준에 맞추어지기 시작합니다. 알람의 형태를 보면 처음에는 낮은 볼륨의 소리로 진행이 되다가 그 알람을 끄지 않는다면 점점 소리가 커집니다. 부모님들이 아침에 자녀를 깨울 때 처음에는 "일어나야지, 7시야" 좋은 말씀으로 진행하다가 계속 일어나지 않으면 "빨리 안 일어나? 너 맨날 왜 이래?" 등으로 목소리가 커지는 것과 같습니다.

학생들이 '불안'이라는 신호에 힘들어하는 이유 중 하나는 해야 하는 것을 알고는 있는데 그것을 하지 않고 있기 때문입니다. 내가 원하는 대학교는 00 대학교인데, 현재 나는 00 대학교에 들어갈 정도의 공부를 하고 있지 않아서 그 간격으로 인해 불안이 심해지는 것입니다.

『사피엔스』라는 책을 보면 인류가 발전하게 된 계기 중의 하나가 불안이라는 신호 경보시스템을 통해 가만히 있지 않고, 댐을 만들고, 둑을 만들고, 마을을 형성하기 시작해 인류를 보호할 수 있기 때문이었다고 합니다.

여러분도 마찬가지로 불안이라는 신호를 감지하면 무엇인가 해야 합니다.

첫째, 불안을 나쁜 감정으로만 해석하는 것은 금물입니다.

둘째, 불안은 나에게 지금 즉시 행동하라고 보내는 신호입니다.

셋째, 그에 맞는 구체적 행동을 하세요.

불안이 오는 과정은 여러분이 공부에 대한 목표를 세우고. 그것에 맞는 생각과 계획을 세우고, 자신만의 루틴으로 실천해 가는 과정에서 생깁니다. 하지만 여러분이 공부하다 보면 생각만큼 제대로 되지 않는 경우가 많지 않나요? 그럴 때면 불안이라는 신호가 스멀스멀 여러분의 마음에 스며드는 겁니다.

저기 멀리서 큰 해일이 넘어오면 불안하죠? 그 불안한 감정은 가만히 지켜보며 생각하라는 것이 아니라 지금 즉시 뛰라는 신호입니다.

한줄요약 //

불안은 즉시 뛰라는 신호!

몰입 수업

어디로 집중할 것인가 〈과정〉

어느 한 심리학자가 초등학교 5학년 500여 명의 학생을 대상으로 A와 B 두 개의 집단으로 나누었습니다. 집단 A에게는 3개월 동안 긍정적인 말과 칭찬을 계속했습니다.

"너 정말 똑똑하구나."

"너는 머리가 정말 좋구나."

"너는 정말 천재구나."

집단 B에게는 주로 노력에 대해 칭찬합니다.

"너 끈기가 있구나."

"너 노력하는 모습이 너무 멋지구나."

"인내심이 강하구나."

3개월이 지난 후 두 집단에 시험을 치르게 했습니다.

이때 시험은 두 종류로 난이도가 높은 시험지 C와 난이도가 낮은 시험지 D가 있었습니다.

A 집단 아이들과 B 집단 아이들에게 C, D 둘 중에 원하는 시험지를 선택하게 했습니다.

지능을 줄곧 칭찬받았던 A 그룹 아이들 대부분은 D(난이도가 낮은) 시험지를 선택했고, 노력을 줄곧 칭찬받았던 B 그룹 아이들 대부분은 C(난이도가 높은) 시험지를 선택했습니다. 그리고 몇 개월이 지나고 같은 시험지로 A, B그룹이 시험을 칩니다.

A와 B 그룹의 결과는 어떻게 나왔을까요?

지능을 칭찬받은 A 그룹은 24% 정도 성적이 하락한 결과가 나왔고, 노력을 칭찬받은 B 그룹은 37% 정도 성적이 향상된 결과가 나왔습니다.

지능을 칭찬받은 A 그룹은 자연스럽게 결과에 초점이 맞추어지기 시작합니다. 결과 중심으로 맞혀지다 보면 결과에 예민하게 되어, 과정에서 나쁜 감정을 쌓아가는 경우가 많습니다. 이렇게 나쁜 감정을 쌓다 보면 시험이라는 무대에서 좋은 감정보다 불안이라는 감정이 자연스레 앞서기 시작해 원하는 컨디션으로 시험을 치기보다는 반대의 컨디션이 되는 경우가 많이 생깁니다. B 그룹이 난도가 높은 시험지를 선택하는 이유는 결과보다 과정에서 칭찬을 많이 얻기 때문에 결과에 둔감하여 과정에 더 집중할 수 있기 때문입니다.

우리는 대부분 결과에 집중합니다. 결과에 집중한다는 것은 아직 일어나지 않은 상황을 예측하려 하고, 그 예측이 '된다'는 것보다는 '실수'나 '실패'라는 부정적인 상황에 초점을 맞추기 때문에 결과가 나오기 전부터 감정에 혼동을 느끼는 것입니다.

불안은 나에게 선택권이 없는 것에서 시작합니다.

연애로 해석하자면 상대에게 고백하기 전부터 '고백하면 상대가 받아줄까? 차이면 주위 친구들이 날 놀리겠지?' 등등 거절당하는 상상을 합니다.

저는 이런 경우에 자신에게 있는 권리에만 집중하라고 이야기합니다.

고백할 권리는 자신에게 있는 것입니다. 받아주는 권리는 상대에게 있는 것을 인정하면 편합니다. 그럼 자연스레 자신의 방법에 집중하게 됩니다.

자신에게 집중하다 보면 최선의 고백 방법에 집중하게 됩니다.

고백을 받는 상대가 어떤 향을 좋아할까?

어떤 옷 스타일을 좋아할까?

어떤 머리 스타일을 좋아할까?

등 고백 당시 상대가 받아줄 가능성을 높일 수 있는 전략에 집중하면 상대가 내 고백을 받아줄 가능성이 커지는 것입니다.

시험도 마찬가지입니다. 자신에게 주어진 권리는 열심히 공부하는 그것과 시험 당일 좋은 컨디션을 유지할 수 있게 노력하는 것들입니다.

그 과정에서 자신에게 주어진 권리에 집중하면 자연스레 성적이 올라갈 가능성이 큰 것인데, 집중을 다른 방향으로 돌려 나에게 권리가 없는 쪽으로 간다면 성적을 올릴 좋은 기회들을 스스로가 놓쳐 버리는 것입니다.

어디로 집중하느냐에 따라 그에 따른 노력은 달라지는 것입니다.

한줄요약 ✎

> 과정에 집중하기.

수능이라는 목적지까지 자신의 부족함을 도구 삼아야 한다 〈부족〉

일본에서 경영의 신이라고 불리는 마쓰시타 전기회사의 대표인 마쓰시타 고노스케.

일본뿐 아니라 전 세계적으로 유명한 인물이며, 한때 세계 100대 기업에 들어갈 정도로 큰 기업을 운영하신 분입니다. 바로 Panasonic이라는 회사입니다.

이분의 명언이 정말로 많은데 그중에 하나가 "내가 성공했던 이유는 내가 초등학교 밖에 나오지 못했기 때문입니다. 나보다 못한 사람을 보기 힘들었고 다들 나보다 훌륭하므로 언제나 그들의 이야기를 경청할 수 있었습니다"입니다.

많은 명언 가운데 제가 가장 매력적이라고 생각하는 명언입니다.

지금 여러분들은 누구에게나 귀를 기울이는 경청의 능력을 갖추고 계시는가요?

자기의 부족함을 아는 사람들은 누구에게나 배우기 위해 들을 수 있는 귀를 가지고 있지만 자만하고 있다면 누구에게도 들으려 하지 않는 귀를 가지고 있습니다.

그리고 또 하나 부족하다고 스스로 탓하며 외부에서 흘러나오는 소리는 막은 채 내면에서 나오는 소리만 듣는 귀도 있습니다. 가장 나쁜 귀는 마지막 귀입니다.

부족함은 채우라는 뜻임에도 불구하고, 스스로 나아지기 위해 도움을 주기보다는 부족함을 숨기려고, 피하려고, 도망치려고 하는 행동을 나타냅니다.

이스털린 역설 Easterlin paradox

사람들은 돈이 많다면 학생들은 성적이 높으면 무조건 행복하리라 생각합니다. 실제 어느 한 연구에 따르면 연봉 1억이라고 상상해 보고, 상상해 본 참가자들에게 행복도 점수를 물어보면 70% 정도 점수가 나왔고, 연봉이 2천만 원 이하라고 상상을 하게 한 후 행복도를 물어보자 40% 정도로 점수가 나왔습니다. 그런데 실제 연봉 1억이 넘는 사람의 경우 행복도는 80% 정도, 실제 2천만 원 이하 연봉자들의 행복도는 70%라는 결과가 나왔습니다.

우리는 돈이 없으면 행복하지 못하다는 관점을 많이 가지고 있습니다. 위의 통계에서 연봉이 1억이라고 상상했을 때 행복도 70%와 실제의 행복도는 10%밖에 차이가 나지 않았지만, 돈이 충분하지 않다고 하는 경우, 상상과 실제는 거의 2배 가까이 차이가 났습니다.

소득과 행복의 상관관계를 1974년 미국 경제학자 이스털린 Easterlin 교수는 이렇게 이야기했습니다.

'일정 수준의 소득으로 일상의 욕구가 충족되면 소득이 증가해도 꼭 행복으로 연결되지 않는다'

미국을 보더라도 경제소득이 올라갔음에도 불구하고 행복도가 증가는커녕 오히려 하락했고, 소득이 7배나 증가한 일본의 행복도가 최빈국인 방글라데시보다 낮았다는 이야기입니다.

오히려 행복이라는 관점에서는 내가 부족함을 느끼고 그 부족함을 채워가면서 쌓아가는 것이 가장 행복하다는 것입니다. 그런데 많은 학생은 그 부족을 행복의 도구로 만들기보다는 반대로 자신을 괴롭히는 도구로 가지고 가는 경우가 많습니다. 수능이라는 목적지까지 우리는 부족함을 도구 삼아 가기에 수험 생활이라는 삶이 아름다운 것입니다.

한줄요약

부족함을 도구로!

셋째 주
자신감을 주는 수업

좋은 기억으로 〈긍정〉

뇌과학에서 인간의 뇌는 부정적인 것에 초점을 맞추는 것에 더 능하다고 합니다.

그래서인지 긍정적인 상황보다 부정적인 상황에 흥미를 느끼고 기억에서도 부정적인 감정이 섞인 기억을 더 잘 기억하는 경우가 많습니다.

어린 시절의 기억을 돌이켜 보면 부모님께서 나에게 잘해준 일보다 감정을 상하게 했던 일을 더 잘 기억해 내고, 자신의 경험에서도 부정적인 기억을 잘 떠올립니다.

트라우마라는 단어 역시 부정적인 감정이 개입된 기억을 떠올렸을 때 원치 않는 증상이 나타나는 병명입니다. 우리는 긍정적인 감정이 개입된 기억을 떠올렸을 때 원하는 증상이 나타난다고 문제 삼지 않습니다.

부정적인 경험을 자연스레 반복 학습을 한다는 사실에도 초점을 맞출 필요가 있습니다.

부정적인 감정이 개입된 기억을 더 잘 떠올리는 이유 중 하나가 바로 반복 학습이라는 사실입니다. 계속 복습하다 보니 우리의 기억은 더욱더 선명하게 나타납니다.

아무런 감정이 개입되지 않는 경험이라 할지라도 계속 그 과거의 경험을 떠올리며 부정적으로 해석하며 부정적인 감정을 개입시킨다면 그 경험조차 왜곡시켜 자신에게 도움이 되지 않는 뇌의 편향성을 지니게 만들어 버리는 것입니다.

반대는 어떨까요?

부정적인 것의 반대는 긍정이라고 본다면 아무런 감정이 개입되지 않은 경험에 긍정적인 감정을 개입시키고 반복 학습을 한다면 어느새 뇌는 자연스럽게 부정보다 긍정이라는 초점으로 찾기 시작한다는 것입니다.

"호랑이, 원숭이, 바나나를 두고 공통적인 특징이 있는 것끼리 묶으세요"라고 질문을 합니다.

동양에서는 많은 사람이 원숭이와 바나나를 묶습니다. 동양 문화에서는 상하 관계를 엄격히 교육을 해오다 보니 이러한 관점으로 묶는 경우가 많다는 것입니다.

서양 문화의 경우는 상하 관계보다는 수평적인 관계에 익숙하다 보니 같은 동물의 부류로 인식하여 호랑이와 원숭이를 묶습니다.

그런데 재미있는 것은 프랑스에서는 호랑이와 바나나를 묶는다는 것입니다.

예술적 감각이 평균적으로 높은 나라답게 그 둘의 공통점, 바로 노란색을 본 것이죠.

이렇듯 어릴 적부터 어떤 해석을 해왔느냐에 따라 달라지고 뇌가 찾으려는 초점이 달라지는 것을 뜻합니다.

공부하기 위해 의자에 앉을 때 좋은 감정으로 감탄사를 표현하다 보면 공부는 자신에게 좋은 감정으로 행동을 실천하도록 도움을 주는 것입니다. 자신을 위해 공부를 하면서도 좋은 감정보다는 나쁜 감정으로 해석하다 보니 점점 더 공부하는 환경에서 벗어나려 하고 머물고 싶다는 생각을 하지 못하게 만드는 것입니다.

학습에도 시험에도 수험생에게 주어진 환경 하루하루의 메모리에 좋은 감정을 개입시키는 것은 어떨까요?

한줄요약 🖋

좋은 감정으로 공부하기.

마음먹은 즉시 습관 만들기 〈습관〉

　많은 사람이 자신의 올바른 습관을 만들려고 합니다. 그런데 올바른 습관을 형성하는 것은 쉽지 않습니다. 상담하면서 상대방이 어떤 이야기를 하는지 경청을 잘하게 되었습니다. 그 내용을 들여다보면 상대방의 경험이 드러나고 그 경험을 토대로 과거와 미래의 모습을 추측합니다. 무조건 맞는다고는 할 수 없지만 높은 확률로 맞아떨어지는 경우가 많습니다.

　습관을 잘 만들지 못하는 사람들이 자주 쓰는 단어가 '내일'입니다. '내일부터 열심히 해야지' '내일은 더 잘할 거야' 등으로 오늘은 아무것도 하지 않은 채 내일로 미루는 경우가 많습니다.

　뇌과학자 분께서 재미있는 이야기를 했습니다.

　"미루는 습관을 지닌 사람들에게 여러 가지 특징이 있는데 그중에 대표적인 것이 오늘의 나는 게으르지만, 내일의 나는 성실할 것이라는 착각이다."

　오늘의 자신은 어떠한 노력도 하지 않은 상태에서 내일의 나에게 미루는 것이죠. 그런데 '오늘의 나'와 '내일의 나'는 같은 습관의 소유자입니다.

　습관이라고 하는 것은 변하기 쉽지 않습니다. '내일의 나'를 바꾸는 것은 아침에 일어났을 때 마치 기적처럼 바뀌는 것이 아닙니다. '오늘의 나'를 단련하다 보면 '내일의 나'도 어느 정도 단련된 모습으로 내일을 지내는 것입니다.

습관을 잘 만들지 못하는 사람들은 내일부터 바뀔 테니까 오늘은 신나게 놀자고 합니다.

그러면 '내일의 나'도 신나게 노는 사람이 된다는 사실을 꼭 기억하세요.

마음먹은 그 즉시 원하는 모습으로 바꾸어 보세요.

한줄요약

오늘의 내가 내일의 나를 만든다.

긍적적 암시가 필요한 시간 〈독려〉

축구 경기는 전반전과 후반전으로 일반적으로 나누어집니다. 축구 경기를 보면 전반전에 선수들의 움직임도 가볍고, 빠르고, 활동 범위가 아주 넓습니다. 그런데 후반전에 20분가량 지나면 그때부터 활동 범위가 좁아지고, 움직임도 둔하다는 느낌을 많이 받습니다.

수험생들의 1년이라는 시간을 전반전과 후반전으로 나눈다면 보통 6월 평가원 시험을 기준으로 하고, 후반전 20분이 지났을 때는 9월 평가원 시험을 기준으로 합니다.

이때부터 많은 학생들이 상담을 신청하는데, 그 내용은 당연히 다양한데 그중에 대표적인 주제를 꼽으라면 '지친다'는 이야기입니다. 체력도 지치고, 정신력도 지치고, 모든 게 지친다고 이야기하며 집중을 할 수 없다고 이야기합니다. 머리도 아프기 시작합니다.

가슴도 쿵쾅쿵쾅 마치 불안이라는 병에 걸린 것처럼 힘들다고 합니다.

저는 개인적으로 축구를 너무 좋아하는데, 감독들의 전술을 유심히 보는 경우가 많습니다. 우리는 흔히 감독들의 전술이라고 하면 포지션을 생각합니다. 포지션이라고 하는 것은 3-3-4를 쓸 것인가 2-4-4를 쓸 것인가? 등등이겠지만 어느 한 유명한 감독은 내 최고의 전술은 선수들이 지쳤을 시기에 계속 고함을 지르며 "할 수 있다!" "넌, 해낸다!" 등의 긍정적인 암시라고 이야기합니다.

여러분은 지금 스스로 어떤 암시를 주고 있나요? 안 그래도 너무 힘든데, 스스로를 독려하기는커녕 지친다, 힘들다, 못하겠다 같은 암시를 주면서 해야 하는 이유보다는 할 수 없는 이유로 자신의 상황을 자기 합리화하고 있지는 않나요?

2002년 월드컵 신화를 썼던 선수들 가운데 잘생긴 안정환 선수가 있습니다. 안정환 선수가 어느 한 예능 프로그램에서 선수들에게 이렇게 외쳤습니다.

"골은 가장 힘들 때, 가장 지칠 때 넣을 수 있는 거야!"

지금 여러분에게 골을 넣을 기회가 오고 있습니다.

잘할 수 있다는 암시 주기.

"할 수 있다!"

"넌, 해낸다!"

넷째 주
즐겁게 공부하는 수업

행복한 공부 〈행복〉

수많은 편견으로부터 사람들이 저에 대해서 잘못된 해석을 하는 경우 많습니다.

심리 선생님이니까 정신력이 강할 거로 생각하는 겁니다.

아닙니다. 저도 솔직하게 너무 힘듭니다.

저는 대체로 1년에 상담을 거의 1천 건 정도합니다.

오프라인 상담하는 경우 학생들은 좋은 얘기 안 합니다. 학생들의 힘든 얘기를 듣고, 감정을 공감하다 보니 저도 모르게 머리가 아프고 몸이 힘들 때가 많습니다. 그런데도 잘 버티고 있습니다.

그 이유를 저는 이렇게 생각합니다.

나를 버티게 하는 힐링 기술이지 않을까 싶습니다. 막상 아플 때 치료하는 것보다는 아프지 않도록 예방하는 게 중요합니다.

제 예방 방법은 백패킹여행입니다. 백패킹여행은 간단하게 배낭을 꾸려서 그냥 산이나 강이나 섬이나 아무 데나 나가는 겁니다.

산꼭대기나 산 중턱 심지어 섬에 혼자 들어가서 텐트치고 혼자 자는 겁니다.

그러다 보면 솔직히 무서울 때도 있습니다. 제일 무서웠던 경험이 뭐냐면 예쁜 눈망울을 가진 고라니의 울음소리였습니다. 텐트 옆으로 다가온 고라니가 밤새 울어대는 겁니다.

잠을 못 잘 정도였지요.

그때 머릿속에 이상한 생각 많이 들어요.

아직도 백패킹여행 가는 이유는 두려움의 감정보다 나만의 공간과 나만의 시간 속에서 모든 것을 내려놓고 편안히 쉴 수 있다는 겁니다.

저는 쉬는 날마다 갑니다.

어느 날 군대 선배와 후배가 SNS에 올린 백패킹여행 사진을 보고 같이 가자고 연락이 온 겁니다.

'두려움은 사라지겠구나'라고 생각했습니다.

충청북도 옥천에 있는 어느 산을 같이 오르기 시작했습니다. 배낭 무게는 평균적으로 한 17kg에서 18kg 정도 되거든요. 경사도가 45도 정도 되는 산길을 약 한 시간가량 계속 올라갔어요. 그런데 종아리 뒷부분 아킬레스 쪽이 너무 힘들었습니다.

"조금만 쉬자"라는 말을 하고 싶었는데 두 명 똑같이 저한테 "김종환 많이 약해졌는데"라고 할까, 참기로 했습니다.

역시 군대 선배와 후배는 둘 다 여전히 대단했습니다.

선배는 10년간 군대 생활을 했고, 나이도 저보다 한 살 많은 40대였습니다.

더군다나 철인 3종 경기를 뛰는 사람이고요.

후배는 특수부대 생활을 20년째 하는 군인입니다.

이런 사람들과 같이 가다 보니 제가 너무 힘들었습니다.

정말 속으로는 수많은 욕을 했습니다.

'왜 안 쉬냐? 나는 민간인이야!'라고 혼자 중얼거리며 산꼭대기에 올라갔습니다.

산 정상에서 바라본 경치는 최고죠!

산등성이 너무 예뻐 말이 안 나올 정도였습니다.

감탄하며 텐트를 치고 난 후에 의자를 펼쳤습니다.

거의 저녁 시간이 됐어요.

앉아서 얘기하다가 밤이 되었습니다. 하늘을 바라보니까 밤하늘의 별이 너무 예쁘더라고요.

텐트에 들어가서 잠을 자고 지저귀는 새소리에 눈을 떴습니다.

텐트 밖으로 나와서 후배한테 이렇게 멋진 장소에 오게 해줘서 고맙다고 했습니다.

"선배님, 여기 기억 안 나십니까?"하는 거예요.

"나, 여기 온 적이 없는데…."

후배가 이렇게 얘기합니다.

"여기 저희 훈련 장소입니다."

너무 놀랐습니다.

내가 그토록 싫어했던 장소였습니다.

겨울에 훈련하면 너무 추웠던 곳이었고, 여름에는 더워서 땀을 한 바가지 흘렸던 혹독한 훈련 장소! 바로 거기였습니다.

그곳을 제가 '아름답다'라고 감탄한 겁니다.

제가 여러분께 드리고 싶은 메시지가 바로 이겁니다.

원효대사의 '모든 것은 마음먹기에 달려있다'라는 말입니다.

살면서 여러분은 어느 선택을 하는 경우도 되게 많습니다. 아마 학원은 여러분이 선택할 겁니다. 선택했을 때는 자연스럽게 평가하게 됩니다. 하지만 내가 평가를 안 좋게 했을 때는 어떻게 될까요?

내가 학원에 대해서 괴리감을 느끼죠.

하지만 학원이 너무 좋다고 평가하는 순간에는 학원에 오는 일이 부담되지 않는다는 얘기입니다.

저는 재수종합반 학생들한테 이런 얘기를 합니다.

학원, 담임 선생님 그리고 강사 선생님들 평가할 때 항상 좋은 평가 했으면 좋겠다고 이야기하죠.

그러면 학생들은 이런 얘기를 합니다.

"선생님, 우리한테 강요하는 건데 이런 얘기를 하시는 의도가 뭐지요?"

여러분이 지금 선택한 학원에 대해서 좋은 평가하는 과정이 결국은 여러분이 행복을 느낄 수 있는 조건 형성이 될 수 있습니다.

그리고 내가 미래를 바라봤을 때 행복감을 통해 자존감이 올라가 훨씬 더 좋은 기대와 희망을 가질 수 있습니다.

장소가 중요하지 않습니다. 제일 중요한 건 여러분의 마음입니다.

내가 행복하지 않은 공부는 제대로 된 공부가 아닙니다.

행복한 공부는 행복감을 느끼며 하는 공부이고 내가 원하는 성적도 얻을 수 있게 된다는 사실을 알았으면 합니다.

한줄요약

내가 행복한 공부 하기.

하나의 생각이 결과를 다르게 만든다 〈해석〉

'표풍부종조 취우부종일飄風不終朝 驟雨不終日'이라는 말이 있습니다. 제가 힘들 때 많은 도움을 주었던 글귀입니다. '아무리 거센 바람이라 할지라도 아침을 넘기지 못하고, 아무리 거센 비라 할지라도 하루를 넘지 않는다'라는 뜻입니다.

미국의 한 기업 대표가 퇴근 중에 자신의 회사에서 청소하는 청소부를 보게 됩니다. 미국에서 일하는 스타일은 한국과는 다르게 자신이 맡은 영역만 작업하는 것이 일반적인데, 이 청소부는 자신의 영역뿐만 아니라 다른 구역까지 깔끔하게 청소하는 것이었습니다. 그것도 매일 매일.

그래서 어느 날 대표가 청소부에게 물었습니다. "청소하시는 일이 힘드시죠?" 그 청소부는 "아니요, 즐겁습니다"라고 대답합니다. 다시 "청소하는 게 뭐가 즐겁나요?"라고 묻자, 청소부는 "저는 지금 지구의 일부분을 정화하고 있습니다"라고 했습니다.

두 형제가 밭을 갈고 있습니다. 50% 정도의 밭을 갈았습니다. 이때 형은 "아직도 반이나 남았네"라고 말하고, 동생은 "벌써 반이나 갈았네"라고 했습니다.

그들의 이야기를 들으면서 우리는 어느 정도 판단할 수 있습니다. 누가 더 긍정적인지.

사람은 같은 상황에 놓여도 자신이 가지고 있는 가치관에 따라 해석이 달라집니다. 그래서인지 법정에서도 증인들의 증언이 100% 증거 채택이 되지 않는 것입니다. 그리고 해석하는 방식에 따라 결과에 대한 행동과 감정은 달라집니다.

밭 가는 형제들의 이야기에서 형은 무기력에 빠지고 밭을 가는 속도가 느려지리라 예측할 수 있고, 동생에게는 마무리에 다 왔다는 기대감으로 밭 가는 속도는 빨라질 것으로 예측할 수 있습니다.

우리가 중요하게 생각하지 않았던 이 부분이 내 미래를 결정합니다.

체중계에 내 몸을 올립니다. 예상했던 체중이 5kg이나 넘었습니다. 1~2kg 정도라면 어느 정도 수용할 수 있지만 5kg은 이해하기가 너무 힘듭니다. 당장 다이어트에 돌입합니다. 수많은 다이어트 방법을 찾지만 지금 내 감정으로는 빨리 몸무게를 돌리고 싶습니다. 마음이 급합니다. 음식은 입에 대지 않겠다고 무리한 방법을 씁니다. 3일을 굶습니다. 기분도 다운되고, 힘도 없고, 힘이 없으면 참을 수 있는 인내심도 줄어듭니다. 배가 고파서인지 잠도 오지 않습니다. 새벽 1시에 무의식적으로 냉장고 문을 엽니다. 허겁지겁 음식을 먹습니다. 어느새 배가 불러오자, 포만감에 기분이 좋습니다. 이때 자신이 다이어트 중이라는 사실을 깨닫고 충격을 받습니다. 눈물이 납니다. 3일도 못 참은 자신에게 온갖 욕설을 합니다. 자신을 괴롭히는 감정, 즉 자괴감에 빠지기 시작합니다. 후회하며 혼자 중얼거립니다.

'역시 나는 무엇이든 버티지 못하는 인내심이 부족한 사람이야.'

위에서 본 글은 보통 다이어트를 시작했다가 음식을 참지 못하고 먹었던 사람들의 일반적인 감정 변화입니다. 이러한 상황에서 다이어트를 그만둘 가능성이 있을까요? 아니면 다이어트를 다시 이어갈 가능성이 있을까요?

이러한 마음으로 스스로 혼을 낸다면 다이어트는 여기까지입니다.

바로 제 이야기입니다. 이런 식으로 시작하고, 무너지고, 무게가 더 올라가고 난 다음 또 시작하고 이렇게 반복했습니다. 그러자 처음보다 10kg이라는 무게가 더 나갑니다.

세월이 흘러 여느 때와 마찬가지로 다이어트를 하다가 새벽 1시에 음식을 먹습니다.

그런데 이번에는 생각이 다릅니다.

'오늘은 조식을 좀 일찍 먹었다.'

어느새 목표 체중에 도달했습니다.

하나의 생각이 결과를 다르게 만듭니다. 자신에게 욕을 하면 우리의 기분은 나빠지지 좋아지지는 않습니다. 기분이 좋지 않을 때 우리에게 인내심이라는 에너지가 낮아져서 포기하게 되는 경우가 많습니다.

어떻게 생각하는지가 미래를 결정.

수능 긍정심리 전략 〈용서〉

수능 긍정심리 전략에 대해서 말씀드리겠습니다. 지금 이 시기에 스트레스받는 친구들 정말 많을 거예요. 그러면 스트레스 받지 않는 전략은 무엇일까요? 영국 문화협회에서 세상에서 가장 아름다운 단어를 조사한 적이 있습니다. 열정이라는 뜻을 지닌 passion, 자유를 의미하는 freedom 등 여러 단어들이 나왔습니다.

전 세계에서 가장 아름다운 단어 1위는 무엇일까요?

바로 엄마 mother였습니다.

제가 강의할 때 세상에서 가장 아름다운 단어 1위가 엄마 mother라고 하면 많은 학생들이 공감하더라고요. 그런데 왜 엄마 mother가 세상에서 가장 아름다운 단어가 되었을까요?

그 단어 안에는 용서가 있고, 희생이 있습니다. 그리고 평온과 안정이라는 의미까지 포함하고 있습니다.

그게 바로 엄마 mother입니다. 저는 여러분이 엄마 mother의 의미를 함께해야 하는 이유를 말씀드리겠습니다. 특히 용서에 대해서 이야기하겠습니다.

저는 자기 자신을 용서하자고 애기합니다.

수능이 얼마 남지 않은 시점에 스트레스가 가장 많은 학생들의 특징은 지나간 시간을 후회하는 과거 시점인 경우가 되게 많습니다. 그래서 미래에 집중하지 못해요.

계속 내 집중은 과거의 잘못했던 것들에 대한 반성과 질책뿐이다 보니, 결국 스스로 자존감을 무너뜨리게 됩니다. 수능 당일까지 이러면 여러분의 컨디션은 어떻게 되겠습니까?

우선은 기분이 좋지 않은 상태가 됩니다.

여러분이 용서에 가장 쉽게 접근하는 방법은 무엇일까요?

'편집'을 잘해야 합니다. 내가 지금 아무리 기분 좋아도 이전에 안 좋았던 기억을 머릿속에 상상하다 보면 어떻습니까? 기분이 안 좋아지죠. 내가 아무리 기분이 안 좋아도 예전에 즐거웠던 기분을 끄집어 내면 기분이 좋아집니다. 분명히 좋은 기억도 있고 나쁜 기억도 있어요.

여러분은 어떤 기억을 자주 떠올리나요? 그 기억이 바로 여러분의 현재 자존감과 자신감을 만듭니다. 그래서 현재 여러분의 감정을 컨트롤하게 합니다. 과거에 대해서 '나 진짜 좋았다!'라고 자주 생각하고 자주 말하는 사람의 특징은 긍정적이고 낙관적입니다.

하지만 부정적인 사람들의 특징은 '내 인생은 별로야!'라는 식으로 항상 안 좋은 일이 있었다고 느끼게 하는 경우가 많습니다. 어느 곳에 편집하느냐에 따라 이렇게 달라집니다,

방송에는 '악마의 편집'이라는 게 있습니다. 아무리 좋은 행동을 할지라도 방송국에서 의도한 '악마의 편집' 때문에 빌런이 된 경우도 많이 볼 수 있습니다.

여러분은 수능을 앞두고 있습니다.

언제까지 자기반성만 할 건가요?

반성만 할 시기가 아닙니다!

어떻게든 좋은 것만 끌어올려 보세요.

예전에 내가 열심히 했던 거 있죠?

특히 제가 오프라인 학원에서 재수생들한테 저 얘기 강하게 많이 했습니다.

"너희들 진짜 대단하다. 너희가 지난 1년 동안 수능 공부해 오면서 몇 번이나 포기하고 몇 번이나 그만두려고 했던 거 생각해 봤니? 그런데 여기까지 버티지 않았느냐!

너희가 만약 학창 시절이었으면 버텼을 것 같냐?"

저는 재수생들에게 스스로 칭찬받고 인정받아야 할 어마어마한 일을 해왔다고 자부심을 심어줍니다. 그러니 여러분 스스로 악마의 편집을 하지 마세요.

여러분의 인생은 분명 좋은 게 많습니다.

좋은 것들만 계속 떠올리면 뇌는 좋은 기억을 차곡차곡 쌓아갑니다.

이제 여러분의 뇌는 좋은 것에 익숙해져, 결국 좋은 생각만을 떠올리게 됩니다.

"나는 좋을 거다!"

"나는 잘될 거다!"

"나는 잘할 수 있다."

여러분이 이런 생각들에 익숙하고 항상 떠올리면 어떻게 될까요?

여러분은 수능 당일 좋은 컨디션으로 좋은 기분으로 좋은 결과를 만들어 낼 수 있는 확률이 클 겁니다.

마지막 팁은 '꼬리 붙이기'입니다.

자신의 성격이 급한 편이라고 생각하는 학생은 주목해 보세요.

성격이 급한 학생은 시험에서 실수할 경우가 많아요.

그걸 바꾸기가 참 쉽지 않습니다.

예를 들어 언어 시험 치기 전에 스스로 꼬리를 붙여보세요.

"나는 차분한 사람이다."

"나는 꼼꼼한 사람이다."

"나는 천천히 모든 문장을 읽고 정확하게 읽는다."

이렇게 '나는'에 꼬리를 붙여보는 겁니다.

내 성격에 반대되는 문장으로 꼬리 붙여보다 보면 적어도 언어 시간만큼은 실수를 줄일 수 있어요.

수학도 마찬가지죠.

"나는 꼼꼼하게 차분하게 문제를 푸는 학생이다"라고 하면 됩니다.

그런데 언어 시간에 지문을 읽는 속도가 느린 학생들은 어떻게 하면 될까요?

마찬가지로 반대로 하면 됩니다.

"나는 신속한 사람이다."

"나는 신속하게 정확하게 읽는 사람이다."

"나는 하나하나 꼼꼼하게 정확하게 신속하게 읽는 사람이다."

이렇게 한다면 수능 당일 언어 시간에 실수를 많이 줄일 겁니다.

하지만 주의점이 있습니다.

"나는 급한 사람이 아니야."

내가 성질이 급한 편인데 이런 식으로 꼬리 붙이면 오히려 급한 사람이란 걸 인지시키는 겁니다.

그렇게 하지 말고 반대말로 꼬리 붙이는 겁니다.

수능 시험 당일 긴장이 되면 "긴장하지 말자!"라고 하는 게 아니라 "설렌다!"라고 하는 겁니다.

수능은 자유입니다. 수능은 나의 모든 좋은 결과를 보여줄 수 있는 바로 그날이란 것을 꼭 명심하면 그날을 기분 좋게 마무리할 수 있을 겁니다.

반성보다는 용서 그리고 나쁜 기억 편집하기.

11월

지금, 다시 자신감으로

1~3일
현재의 나를 인정하는 시간

존중의 중요성으로 〈존중〉

어느 한 심리학자가 100명의 아이에게 마시멜로를 줍니다. 그리고 이 아이들에게 "15분 정도 나갔다 올 테니 내가 돌아오기 전까지는 이 마시멜로를 먹으면 안 된다. 꼭 약속 지켜줘"라고 이야기합니다. 달콤한 마시멜로가 눈앞에 있는 이 15분이라는 시간은 아이들에게 생각보다 긴 시간입니다. 아이들은 잘 참습니다. 그런데 몇 분이 흐르자 1명씩 마시멜로를 먹습니다. 그리고 절반의 아이들이 마시멜로를 먹고, 절반의 아이들은 마시멜로를 먹지 않았습니다.

그리고 20년이 지나 성인이 된 그들의 학업성취도라든가 성공이라는 키워드를 중심으로 추적조사를 합니다.

15분이라는 시간을 참지 못하고 먹었던 친구들과 참았던 친구들을 비교하니 참았던 친구들이 참지 못했던 친구들에 비해 훨씬 성공이나 학업 성취적인 부분이 높았습니다. 이 실험이 의도한 바는 '절제'라는 부분이 성공에 얼마나 영향을 미치는가를 알아보는 것입니다.

이 실험의 경우 실험이 의도한 바를 떠나 여러 가지 측면으로 생각의 여지를 남겨줍니다.

'관계'의 중요성에 초점을 맞춘다면 아이들에게 15분간 마시멜로를 먹지 말라고 한 사람이 그저 한 심리학자가 아니라 아이들이 존중할 만한 대상이었다면 아이들은 그 마시멜로를 먹었을까요?

존중이라는 감정은 아주 중요한 포인트입니다. 시험을 존중하면 '내가 이 정도면 되겠지?'라는 생각에서 벗어날 수 있습니다. 시험을 존중하지 않는 학생들의 특징은 다음과 같습니다.

첫 번째 자만심 = 이 정도면 되겠지!

두 번째의 경우는 인지 부조화 = 시험이 뭐 중요해?

세 번째는 자기 합리화 = 이번 시험은 중요한 시험이 아니야!

자만심은 노력을 소멸시키는 역할을 합니다.

인지 부조화는 동기 부여를 상실시킵니다.

자기 합리화는 다음 시험에도 같은 경험을 선사할 가능성을 줍니다.

존중은 나에게 자만심을 주지 않습니다. 존중은 인지 부조화를 시키지 않습니다. 존중은 자기 합리화를 막아줍니다.

존중이라는 마음은 우리 삶을 다르게 만들 힘이 있습니다. 존중이라는 마음이 없으면 함부로 상대를 업신여기고, 상대의 미래를 함부로 낮게 파악하고 그렇게 상대를 대합니다. 존중하는 마음이 없을 때는 무시라는 감정이 자주 나타납니다.

인간관계의 시작은 자신과의 관계입니다. 스스로 자신을 존중하지 않는 상태에서는 대부분 자신을 깎아내리는 경우가 많습니다. '아무리 노력해도 너는 안돼'라는 생각이 대표적입니다. 거기에다 실패했던 과거가 있다면 더더욱 자신을 헐뜯으며 노력의 가치를 상실시켜 버립니다. 아무래도 노력이 없으니, 자신의 인생이 빛날 가능성이 떨어집니다. 빛나지 못한 자신의 인생에서 자신은 잘못이 없다며 모든 문제를 외부 탓으로 돌립니다. 여기서도 외부에 대한 존중이 없어서 생기는 것이 많습니다. 외부 탓 중에 가장 대표적인 탓이 부모님 탓입니다. 부모님을 정말 존중했다면 과연 부모님 탓으로 돌릴까요? 자신이 속해있던 회사, 회사관계자들을 존중했다면 깎아내리지 않습니다. 존중이라는 마음이 바로 키워드라는 것입니다.

존중이라는 마음을 가진 사람은 그 모습이 드러나기 때문에 국어, 수학, 영어, 탐구 등 모든 선생님 강의를 존중합니다.

존중의 마음이 클수록 그 선생님의 단점이 아닌 장점을 보려 하고 그 장점을 배우려 합니다. 존중의 마음이 크면 수업이 언제 끝날지 시간을 보지 않고, 그 수업이 끝났을 때 아쉬움이 남습니다. 그 선생님과 헤어짐이 아쉬운 동시에 다음에 다시 만날 날을 기다리며 더 나은 자신을 보여주고 싶어 합니다.

누구나 게으릅니다. 게으름은 인간이 가지고 있는 벗어날 수 없는 성격 중의 하나입니다. 다행스러운 것은 저를 제외한 모든 이들이 제 게으름을 잘 보지 못하고 저를 성실하다고 착각합니다. 저는 게으릅니다. 그 게으름이 밖으로 튀어나오고 싶어 할 때가 많이 있습니다.

직업이 강사지만 게으름이 머릿속을 흔들 때가 많습니다.

"오늘 날씨도 좋은데 이런 날 강의하기에는 날씨가 너무 아깝다."

"한 번 빠지는 건데. 뭐 어때!"

"아프다고 하루 빠질까?"

여러 가지 핑계가 저를 흔듭니다. 이때 제 손에는 휴대전화가 들려있고, 머릿속에서는 어떻게든 내 게으름으로 결석하는 게 아니라는 것을 구성하고 있습니다.

그런데 정말 감사하게도 10년이 넘는 시간 동안 강의를 하면서 수백 번 이런 생각들이 내 머릿속을 흔들었지만, 한 번도 내 게으름이 성공한 적은 없습니다. '존중'이라는 마음이 있기 때문이죠.

제 수업을 듣는 학생들은 대단한 학생들입니다.

저는 스스로 신청해서 듣는 소위 '특강'을 하는데, 수험 과목이 아닙니다. 당장 바로 앞에 필요한 국어, 수학, 영어, 탐구도 아닌데 심리라는 과목을 듣는다는 것은 대단한 용기와 더 나아지겠다는 마음을 강하게 가지고 있다는 것입니다. 저는 매년 기대합니다. 이 가운데 대단한 인물이 나오리라는 기대죠. 그 기대심리로 저에게 아이들을 존중하는 마음이 자리 잡아 절대 수업 내용과 반대되는 이중적인 모습을 보이지 않게 됩니다. 그건 제가 대단해서가 아니라 우리 아이들에 대한 존중이라는 마음이 저를 그렇게 잘 이끌어 주는 것입니다.

이렇게 존중은 나쁜 마음들로부터 보호해 주는 엄청난 역할을 합니다.

그러면 존중은 어떻게 키울까요?

많은 학생이 '존중받지 못할 인간들을 어떻게 존중합니까?'라고 합니다. 대부분 자신의 기준점을 가지고 살아가기 때문에 내 기준에 미치지 못하면 존중할 수 없다고 이야기합니다. 그 기준점은 어디서부터 오는 것일까요? 그리고 그 기준점이 존중이라는 단어와 부합할까요?

존중이라는 마음의 시작은 간단합니다.

첫 번째, 타인을 위해서 존중하는 것이 아니라 나 자신을 위해서 존중하세요.

인간은 이기적입니다. 남보다는 자신을 위한 동기 부여를 해보세요. 그들을 존중하는 내 모습이 멋지므로 존중하는 것입니다.

두 번째 허리를 숙이세요.

행동을 바꾸면 언어도 바뀝니다. 반대로 언어를 바꾸면 행동도 바뀝니다. 그런데 언어를 바꾸기보다 행동이 더 빠르고 손쉬운 방법이니 먼저 허리를 숙여 인사를 해보세요. 그 대상은 정해져 있지 않습니다.

인사부터 해보세요.

한줄요약 🖊

나 자신을 위해서 존중하기.

여러분의 우선순위는? 〈현재〉

인간은 감정이나 기억에 왜곡이 있습니다. 과거의 경험에 어떤 감정이 덮이느냐에 따라, 그리고 지금 내가 가지고 있는 현실적인 감정이 더해지게 되면 그 해석이 달라지는 경우가 있습니다. 예를 들어 법정에서 변호사가 증인에게 "빨간색 원피스를 입고 우산을 든 여성을 보셨잖아요?" 이렇게 증인을 계속 추궁하면, 증인은 자신도 모르게 가지고 있던 기억에 추궁한 내용이 더해져 실제로 빨간색 원피스를 입은 여성을 보았다는 잘못된 증언을 하는 일도 있습니다.

우리는 성공한 사람들의 강연을 유튜브나 실제 강연장에서 보는 경우가 있습니다. 그들의 강연을 듣다 보면 어릴 적 가난하고, 폭력에 시달린 너무나도 마음 아픈 이야기가 있습니다. 그런데 지금 그들은 많은 사람 앞에서 그 당시는 정말로 힘들었지만, 그 경험이 나를 이렇게 성장시킨 동력 중의 하나라고 이야기합니다. 그때 당시는 자신의 인생에 많은 도움이 된다고 여기지 않았죠. 하지만 시간이 지나서 스스로 성공했다고 판단하는 상황에서는 트라우마가 아닌 하나의 좋은 경험이라고 해석하는 것입니다. 많은 사람이 좋지 않은 과거가 있습니다. 그 과거가 지금 자신을 더욱더 주눅 들게 하기도 하고, 자신을 괴롭히기도 합니다. 과거에서 벗어날 수 없다면 저는 함께 하라고 이야기합니다. 그리고 그 과거에서 벗어나기 위해 지금 자신에게 어떤 질문과 답변과 방법을 제시할 것인지 고민하라고 이야기합니다. 그렇게 시간이 지났을 때 여러분은 어떤 모습으로, 어떻게 과거를 바라볼까요?

두 분의 스님이 계십니다. 두 스님은 깨달음을 얻기 위해 유학

길에 나섰습니다. 먼 길을 가는 도중 냇가가 있습니다. 그곳에 한 여성이 서성거리며 당황하는 모습을 보게 됩니다. 한 스님이 그 여성에게 다가가 "난처한 일이 있나요?"라고 묻습니다. 그 여성이 "보시다시피 제가 한복을 입고 있는데 제가 가는 길을 이 냇물이 막고 있습니다. 빨리 집에 돌아가야 하는데 어떻게 냇물을 건널지 모르겠습니다"라고 말했습니다.

옛날이다 보니 여성은 복장으로 인해 제한이 많았을 때였죠.

그런데 스님이 그 이야기를 듣자마자 "그렇게 간단한 문제를…" 하시더니 여성 앞에 등을 보이고 앉습니다. "업히게나. 내가 자네를 업고 냇물을 건너가게 해줄 테니."

이 말을 들은 다른 스님께서 노발대발하시면서 "스님, 어쩌자고 그런 말씀을 하십니까? 부처님께서 절대 여성의 몸을 만지면 안 된다고 말씀하셨는데, 어찌 이런 불경스러운 말을 건네십니까? 절대 안 됩니다"라고 했습니다.

스님은 다른 스님의 말씀에도 아랑곳없이 여성을 업고 냇가를 건너갑니다. 그리고 그 여성에게 "가던 길 가시게나" 했습니다.

그리고 두 스님은 다시 길을 걷습니다. 이때 그 다른 스님이 여성을 업은 스님에게 계속 이야기합니다.

"스님, 어쩌자고 그 여성의 몸에 손을 대셨단 말입니까? 어떻게 그 여성을 업으셨습니까?"

이야기를 들은 스님이 이런 말을 합니다.

"스님, 저는 아까 그 여성을 냇가에 내려두고 왔는데, 어찌 스님께서는 그 여성을 계속 업고 계십니까?"

이 이야기에는 두 가지의 깨달음이 있습니다. 불교에서 중시하는 것 중의 하나가 '내려놓음'입니다. 과거에 연연한 스님은 깨달음이라는 과정까지 가기는 쉽지 않은 것이죠.

그리고 두 번째의 경우는 '우선순위'입니다. 법으로 비교하면 법 중에 가장 높은 법이 헌법입니다. 그리고 헌법 밑에 법률이 존재하는데, 법률적인 부분은 언제든지 바뀔 수 있지만 가장 우선순위인 헌법은 넘을 수 없습니다. 부처님께서 이야기하신 헌법은 '중생들에게 도움을 주어라'라는 가르침이 가장 먼저였으며, 여성의 몸을 만지지 말라는 것은 그 아래에 있는 가르침입니다.

우리의 과거는 절대 헌법이 될 수 없습니다. 우리에게 헌법은 '내일을 위한 오늘의 나를 어떻게 만들어 가는가?'입니다.

인간은 시간의 흐름을 보았을 때 과거가 아닌 미래를 향해서 갑니다. 그렇다면 지나간 것은 우리에게 미래를 위한 하나의 밑거름이 되어야 합니다. 수험생에게 대표적인 슬픈 과거는 시험을 망쳤거나, 열심히 하지 못했던 일들인데, 그 이야기들은 이제 더는 여러분에게 우선순위가 아닙니다. 지금 여러분에게 주어진 우선순위는 미래를 위한 현재의 모습입니다.

한줄요약 ✏️

미래를 위한 '오늘의 나'를 만들어 가기.

4~7일
몰입 시간

진정한 자존심 〈자존감〉

자존심은 타인으로부터 자신을 지키는 행위입니다.

자존감은 스스로의 가치를 사랑하고 아끼는 마음입니다.

자존심은 누군가로부터 나쁜 말을 들었을 때 자신의 마음을 방어하는 방어기제로 역할을 합니다. 그런데 문제는 자신을 잘 지키지 못하는 경우입니다.

그때는 나쁜 자존심, 즉 열등감이라는 감정이 등장하게 됩니다.

지금 나는 명문대에 가려고 하고 있습니다. 하지만 나의 성적은 그렇지 못해요.

그 상황에서 누군가가 성적을 건드리면서 나를 비아냥거립니다.

"네 성적으로 서울대가 가능하기나 하냐?"

감정적으로는 받아들일 수 없지만 현실은 받아들일 수밖에 없습니다.

내 마음속에 열등감의 그늘이 확 몰아칩니다.

열등감이 커지면 어떤 행동이 나올까요?

첫 번째는 거짓말입니다.

이 거짓말을 통해서 나의 자존심을 지킨다고 착각하기 시작합니다.

결국 이런 거짓말이 반복되어 갑니다.

나는 개방적이 아닌 폐쇄적인 생각으로 나아가고 스스로를 억압합니다.

이제 불안한 감정이 들어 대인 관계에서 많은 문제를 폭발하게 됩니다.

자존감이란 앞에서도 말했듯이 실제로 나 자신을 사랑하고 아끼는 마음인데 어떠한 상황에서 그 자존감의 힘이 발휘될까요?

내가 너무나도 힘든 상황에 있을 때 발휘되는 힘이 바로 진정한 자존감입니다.

그 자존감이 계속되다 보면 스스로에 대해서 무엇이 생길까요?

자신감! 바로 그것입니다.

자신을 믿기 시작합니다.

예를 들어 현재 내가 4등급이라면 '열심히 공부한다'라는 전제에서 3등급, 2등급 결국 '1등급이 될 수 있다'라는 확신으로 자신감 있게 굳건히 공부해 갑니다.

이럴 때는 어떤 마음이 생길까요?

무엇이든 할 수 있다는 도전 의식이 샘솟습니다.

누구를 만나 무슨 이야기를 하든지 나는 자신감 가득한 태도로 솔직한 심정으로 이야기할 수 있습니다. 솔직한 자존심은 착한 자존심이라고 저는 말합니다. 착한 자존심에는 열등감이라는 그늘이 없습니다.

테레사 수녀님의 이야기를 해드리겠습니다.

어느 날 수녀님이 빵을 사러 상점에 들어갔습니다. 주인에게 빵을 사겠다고 했는데 빵집 주인이 모욕을 주면서 빵을 안 주겠다고 하며 갑자기 테레사 수녀님 얼굴에 침을 뱉었습니다. 테레사 수녀님이 얼마나 기분 나빴을까요?

수녀님이 얼굴에 묻은 침을 닦고 웃으면서 "저에게 빵을 주시면 감사드리겠습니다"라고 차분하게 말씀했습니다.

테레사 수녀님을 따라갔던 한 남자가 이런 이야기를 했습니다.

"수녀님, 모욕을 당하셨는데… 진짜 자존심도 없으십니까?"라고 수녀님에게 물었습니다.

테레사 수녀님이 답했습니다.

"저의 자존심보다 더 중요한 자존심이 있습니다.

이 빵으로 굶고 있는 아이들이 더 배부르게 먹을 수 있다면 저의 자존심은 없어도 됩니다."

여러분에게 가장 중요한 게 무엇인지 생각했으면 좋겠습니다.

여러분의 어머니와 아버지도 사회생활을 하시면서 실제 얼마나 많은 모욕을 당하면서 돈을 벌었을까요? 아마 자기 자신을 위해서라고 생각하시는 부모님은 오래 하지 못했을 겁니다.

바로 사랑하는 여러분을 위해서 버티신 거고 그것이 진정한 자존심입니다.

자신을 지키고 방어하는 것이 아닙니다.

그 방어는 폐쇄적일 수밖에 없습니다.

진정한 자존심은 내가 이루고자 하는 목표가 있으면, 그러한 마음의 결심을 지키는 것이어야 합니다.

옆에 친구가 "야! 네가 어떻게 서울대에 가겠다는 거야? 꿈 깨!"라고 하더라도 "그래, 맞아! 인정해"라고 하면서 반드시 1년 뒤에는 이루겠다는 치열한 마음으로 공부한다면, 그것이 여러분 자신의 진정한 자존심으로 미래를 밝게 해줄 겁니다.

진정한 자존심과 자신을 아끼는 자존감으로 하루하루를 사랑하고 아끼세요.

내 미래의 모습을 사랑한다면 〈미래〉

인간의 본능에서 가장 기본적인 욕구는 생존에 대한 욕구입니다. 이 생존의 욕구는 그 어느 것보다 강합니다. 그런데 이 생존의 욕구가 있다는 것은 지극히 정상입니다. 자신의 생존을 위해 거짓말을 하고, 자신의 생존을 위해 자기 합리화를 하고, 자신의 생존 욕구로 인해 상대방에게 해를 입히기도 합니다. 이것은 인간이 가지고 있는 본능이기에 이러한 것을 정상이라고 합니다. 그런데 사랑이라는 감정이 들어온 인간은 정상이 아닌 정신병에 속합니다.

자신을 보호하는 것보다는 사랑하는 대상을 위해 자신을 던집니다. 생존 욕구가 아닌 희생 욕구가 발생합니다. 자신이 배고픈 것보다 자신이 사랑하는 상대의 배고픔이 먼저입니다.

어두운 골목길에 무서운 형들이 있습니다. 우리는 그 골목길을 들어갈까요? 들어가지 않는 것은 비겁한 것이 아닙니다. 당연합니다. 그런데 내가 진심으로 사랑하는 사람이 무서운 형들에게 둘러싸여 있다면? 자신을 지키는 두려움이라는 감정보다는 사랑이라는 감정으로 달려갈 것입니다.

그래서 사랑은 정신병입니다.

내 미래의 모습을 사랑한다면 기꺼이 현재의 즐거움 정도는 내어줄 수 있습니다.

여러분은 자신의 미래 모습을 얼마나 사랑합니까?

한줄요약

> 나의 미래….

8~12일
자신감을 주는 시간

수험생의 기도 〈겸허〉

기독교를 종교로 가진 수험생이 기도를 합니다.

마음속으로만 기도하는 것이 아니라 소리 내어 기도하다 보니 기도 내용을 본의 아니게 듣게 되었습니다.

"하나님 이번 시험을 잘 치게 해주세요."

"제가 원하는 대학에 합격하게 해주세요."

그 기도 내용을 들으면서 솔직히 안타까웠습니다.

하나님이 입시 브로커도 아니고 하나님이 평가원 관계자도 아닙니다.

올바른 기도는 무엇일까요?

저도 그에 관한 올바른 판단력이 있다고 생각하지는 않지만, 한때 교회를 성실히 다녔던 신자로서 제가 생각하는 기도는 이렇습니다.

"당신께서 어떤 결과를 주시더라도 당신이 허락하신 길을 겸허히 받아들이겠습니다."

한줄요약 ✎

> 겸허히.

당연함이 아닌 감사함으로 〈감사〉

영화배우 류승범 씨가 주연한 영화 〈부당거래〉에서 유명한 대사가 나옵니다.

"호의가 계속되면 자기들 권리인 줄 안다."

심리적으로 표현하자면 많은 사람이 '당연하다'고 이야기합니다. 하나의 습관이기 때문이죠.

그렇게 하지 않는 사람들이 오히려 대단한 사람들입니다.

행복과 관련해서 심리학 서적을 찾아보면 대부분 이런 이야기를 합니다.

'행복은 멀리 있는 것이 아니라 가까이에 있다. 진정한 행복은 화려하고 큰 것을 얻는 것이 아니라 작은 것에서 시작한다.'

행복을 느끼지 못하는 이유 중 하나가 바로 반복된 패턴에서는 좋은 감정을 느끼기가 쉽지 않다는 것입니다.

부모님이 내 옆에 계시고,

내가 돌아갈 집이 있고,

여름에는 에어컨을 켜서 집이 시원하고,

겨울에는 보일러를 켜서 집이 따뜻하고….

이러한 것들이 너무 익숙하다 보니 우리는 당연하게 받아들이는 것입니다.

사람의 관계도 마찬가지입니다. 당연하게 보는 것이 아니라 당연하게 보지 않는 것이 가장 중요합니다.

"선생님, 저 요즘 너무 아파요."

"제가 요즘 집중이 잘 안 돼요."

시기가 후반부로 갈수록 체력도 집중도 떨어진다는 것이 당연하지만 그 당연함을 다르게 해석하고 있습니다. 체력도 집중도도 처음과 당연히 같아야 한다고 생각해 그렇지 못한 자신을 혼내고 있는 것입니다.

수험 생활은 대체로 2월부터 시작합니다. 하루에 10시간 이상 공부만 해야 하는데 온종일 앉아서 공부만 하다 보니 단단했던 근육이 점점 풀어지고 그러니 당연하게 여기저기 아픈 것이고, 거기에다가 체력도 떨어지는 것이고, 몸이 아픈 경우가 생깁니다. 당연하게 집중력도 하락할 수밖에 없는 것입니다. 이 부분이 당연합니다.

학생들에게 이런 질문을 합니다.

"너는 그 체력을 위해서 무슨 노력을 해왔니?"

"너는 그 건강, 집중을 위해서 무슨 노력을 해왔지?"

당연한 것은 시간이 지날수록 체력도, 집중도도 낮아지는 것이기에 그 당연함을 다르게 하려면 내가 체력을 위해 노력해야 하는 것이 더 중요한 것입니다.

마치 남편들이 아내가 항상 옆에 있으므로 아무런 노력도 하지 않는 것과 같습니다.

저도 한때 그랬죠. 아내가 내 옆에 있는 것이 당연하기에 굳이 잘하려 노력하지 않는 것이었죠. 지금은 그렇게 생각하지 않습니다. 퇴근하고 집에 돌아갔을 때 아내와 아이들이 집에 있는 것이 당연한 것이 아니라고 생각합니다.

첫 번째 "집에 있어 줘서 정말 고맙다."

두 번째 "웃는 모습으로 나를 반겨줘서 정말 고맙다."

세 번째 "나 역시 이 웃는 모습을 보이기 위해 좀 더 노력해야지."

이 세 가지의 생각과 노력이 더 당연하지 않을까요?

지금쯤 지친다는 것은 문제가 아니라 당연한 것입니다.

그리고 지치지 않도록 무언가 노력하는 것이 당연한 것입니다.

당연함을 당연하게 바라보지 않는 해석과 당연함에 대한 노력!

이것이 지금부터 여러분들이 해야 할 당연함입니다.

한줄요약

수능 시험 날까지 더욱더 노력하기!

13~14일
즐거운 시간

수능 시험 전날 〈루틴〉

　수능 시험의 시작은 언제부터일까요? 수능 시험은 8시 40분이 잖아요. 당연히 8시 40분부터라고 얘기합니다. 하지만 진짜 시작은 수능 전날 자기 전부터입니다.

　그러면 자기 전에 가장 중요한 게 뭘까요?

　잠입니다!

　잠은 신체적으로 정신적으로 이완일까요? 긴장일까요?

　이완입니다.

　그런데 아무리 자려고 노력해도 잠이 잘 안 온다고 많이 이야기하지요.

잠을 자려고 노력한다고 생각합시다.

그것은 긴장입니다.

내 몸과 마음이 긴장 상태인데 잠이 잘 올까요?

그래서 자려고 노력하는 것이 아니라 몸을 이완시키는 작업을 해야 한다는 것을 먼저 알아야 합니다.

그다음 또 하나는 여러분이 하는 생각의 틀을 바꿔야 할 게 있습니다.

저는 웬만해서 국어 선생님, 수학 선생님, 영어 선생님 마지막으로 탐구 선생님 말씀하신 것에 대해서 절대 뒤집지 않아요.

어떻게 뒤집겠어요?

그런데 하나만 뒤집겠습니다.

"수능 치기 전날에는 잠을 잘 자야 한다. 잠을 잘 자야 수능 잘 치거든!"

여러분이 마음속에 '잠을 잘 자야 수능을 잘 친다'라고 다짐한다면 어떻게 될까요?

수능 당일 잠을 잘 자지 못하였다면 불안이라는 감정에 휩싸이기 시작해서 결국, 여러분이 원하지 않는 상태로 시험을 칠 수밖에 없어요.

잠 못 자도 됩니다. 굳이 잠 안 자도 돼요.

그 이유를 말씀드리겠습니다.

수능 전날 잠을 잘 잤으면 수능 당일 체력이 높아요? 낮아요? 당연히 높겠죠.

수능 전날 잠을 못 잤으면 수능 당일 긴장도가 높을까요? 낮을까요? 물론 높아요.

그런데 체력은 올라갈까요? 내려갈까요? 내려갑니다.

여러분이 봤을 때 잠을 잘 잔 게 좋아요? 못 잔 게 좋아요?

대부분 학생이 그래도 잘 잔 게 좋다고 생각합니다.

수능 전날 잠을 잘 잤으면 체력은 당연히 좋은 상태이지만 긴장도는 오히려 높은 상태입니다. 하지만 이러한 상태는 안정된 상태가 아닙니다.

약간 산만한 상태가 아니라, 매우 산만한 상태라는 겁니다.

여러분은 이 긴장도라는 자체를 우습게 생각하겠지만 체력적으로 아무리 힘들어도 긴장도가 높아졌을 때는 그만큼의 집중력을 나타낼 수 있어요.

잠을 못 자서 상태가 안 좋고 긴장도가 높아져도 마찬가지죠.

이런 상태에서 무엇이 문제를 일으킬까요?

자신의 감정을 개입시켜요.

어떻게 개입시킬까요?

'나, 분명히 잠을 못 잤으니까 시험 잘 못 칠 거야!'

여러분의 감정을 잘못 개입시켜서 불안해지는 겁니다.

그래서 잠을 못 자도 된다는 걸 알았으면 합니다.

여러분이 잠을 못 자는 또 다른 이유를 보겠습니다.

루틴이란 말을 많이 들어보셨죠?

루틴은 반복된 어떤 행동을 일정한 패턴으로 하는 일상 행위를 말해요.

하지만 일정한 행동 패턴을 지속하는 건 쉽지 않습니다.

루틴은 몇 가지로 나뉘는데 먼저 '전체 루틴'이란 게 있어요.

'전체 루틴'을 수능 시험을 통해서 설명해 보겠습니다.

여러분이 내일 수능 시험을 친다면 수능 전날 잠을 자기 전부터 수능 시험 마지막 과목까지 모든 일정을 '전체 루틴'이라고 합니다.

여러분이 학원에서 수능 모의고사를 치게 될 때 8시 40분부터 시작하는 언어 시험을 오후에 치는 예는 없습니다.

왜냐하면, 수능 일정 그대로 대입한 채로 시험 치는 게 훨씬 더 여러분에게 도움이 되기 때문이죠.

이 '전체 루틴'을 통해서 여러분은 '시간 루틴'을 철저하게 지키는 연습을 합니다.

그렇다면 '시간 루틴'이 얼마나 무서울까요?

여러분은 '시간 루틴'으로 '습관 루틴'이라는 것을 만들어 갑니다.

가장 대표적인 건 바로 12시에는 무조건 점심을 먹는 습관을 만들어 가는 겁니다.

여러분이 '시간 루틴'과 '습관 루틴'을 '전체 루틴'의 흐름에서 완벽히 지킨다면 긴장할 이유가 없습니다.

그다음 또 하나 중요한 건 '전체 루틴' 밑에 있는 '부분 루틴'이라는 겁니다.

'부분 루틴'이란 내가 가지고 있는 능력에 따라서 과목마다 다른 긴장도를 말해요.

여러분이 시험 치는 과목 중에서 불안 혹은 긴장이 가장 큰 과목이 무엇이죠?

제가 이 질문했을 때 대부분 학생은 1교시 언어라고 했어요.

그런데 재미있는 게 뭔지 아세요?

여러분이 시험을 잘 쳐야 한다는 틀을 만들어 놓은 과목이 있으면 그 과목이 제일 위험할 수 있어요.

내가 만약 언어 3등급, 수학 1등급이라면 수학에서는 절대 하나라도 틀리면 안 된다는 강박 관념을 심하게 가지게 돼요.

수학 시험 바로 직전에 어떻게 될까요?

부분 루틴을 적용하게 됩니다.

어떻게 극복할 수 있을까요?

방법을 찾아야지요.

초콜릿을 먹고 시험 치는 겁니다.

초콜릿을 먹으면 현재의 긴장감과 불안감을 완전히 낮춰줍니다.

다시 말해 기분을 좋게 하는 것이거든요.

그 기분이 바로 감정이죠?

초콜릿을 먹고 난 다음에는 과장 연기를 해야 합니다.

'나는 초콜릿만 먹으면 기분이 좋아!'라는 연습을 통해서 기분 좋아지는 훈련을 하고, 여러분의 시험 당일의 몸 상태도 조절하는 겁니다.

바로 이 상태로 '부분 루틴'을 잡아주는 거예요.

이런 루틴을 간단하게 잡고 잠을 잘 때는 긴장하지 말고 이완시키는 작업을 하는 겁니다.

여러분이 잠을 이루지 못하는 여러 가지 패턴이 있는데 습관 루틴이 잘못된 거예요.

침대는 자는 곳입니다. 루틴 자체가 침대에 누웠을 때 잠을 자는 패턴이 되어야 하는데 잘 안되죠?

특히 휴대전화로 유튜브 많이 보죠?

유튜브 보면 재미있는 게 나타나요.

이것만 보자! 이것만 보자! 하면서 그다음 것을 또 보게 되면 여러분의 정신 상태를 이완시키는 건가요? 긴장시키는 건가요?

긴장시킨 거죠!

점점 밤이 깊어져 갈수록 여러분은 잠을 못 자게 되고요.

그래서 어떻게 해야 할까요?

무조건 누웠을 때 잠을 자려고 해야 합니다.

또 하나 기본 요건을 충족해야 하는데 무엇이든 먹고 자면 안 돼요.

그런데 더 중요한 건, 눈 감는 것에 집중하는 겁니다.

대부분 어떻게 하는 줄 아세요?

"왜 잠이 안 오지?" 하면서 눈을 떠요.

그러다 보니 여러 잡생각이 떠올라요.

결국은 "왜 잠이 안 와?"하며 밤새워 뒤척뒤척하게 되지요.

가장 기본적인 요건을 채우면 잠자는 것은 어렵지 않습니다. 그러한 과정에서 '전체 루틴'을 꼭 잡아 놓으세요. 각각 개인 취향에 따라 초콜릿을 먹든 자몽 주스를 먹든 '부분 루틴'을 형성하는 겁니다. 여러분이 루틴을 통해 긴장 완화를 하면 오히려 집중력은 증대됩니다.

한줄요약

시간 루틴과 습관 루틴 유지하기.

수능 시험 날 〈좋은 컨디션〉

내일 자신이 원하는 상대와 데이트가 있는 날입니다. 벌써 설레는 마음이 시작되어 어떤 옷을 입을지 이 옷 저 옷 입어보며 자신이 좋아하는 옷을 골라 입습니다. 자신이 자신 있어 하고, 좋아하는 옷을 입으면 나도 모르게 자신감도 올라가고, 기분도 덩달아 좋아집니다. 수능이라는 데이트! 가장 마음에 드는 옷을 입고 시험 치는 것을 추천해 드립니다.

두 번째, 수능을 치르는 일기를 써보세요.

우리가 가끔 즐거운 상상을 하면 자신도 모르게 미소가 지어집니다. 기분이 좋아졌다는 것을 알 수 있습니다. 실제로 해보지 않았던 일을 상상만 해도 기분이 좋아지는데, 그 상상을 마치 지나간 일처럼 글로 써보는 것은 어떨까요? 글로 쓴다는 것은 이미 내가 미리 상상하고 쓰는 것이기에 몇 번의 되뇜과 같습니다. 자신이 원하는 즐거운 수능 날을 일기로 써보세요.

세 번째, 입꼬리를 올려보세요.

우리의 감정은 안면근육과 밀접한 관계를 이루고 있습니다. 내 감정이 좋지 않을 때 안면근육은 그 감정대로 표정을 짓게 됩니다. 슬픔, 우울, 분노, 기쁨 등 여러 가지 감정에 따라 우리의 표정은 달라집니다. 웃는 표정을 짓는다면 내가 가지고 있는 부정적인 감정이 올라오기가 쉽지 않습니다.

수능 당일 가장 멋지고 예쁜 옷을 입고 거울을 보며 환하게 입꼬리를 올려보세요. 그리고 그 상태로 급하게 시험을 치러 가지 말고 10분 정도 투자해 좋은 감정으로 표현된 하루의 일기를 미리 써보세요. 좋은 컨디션은 따놓으셨습니다.

한줄요약

> 가장 마음에 드는 옷 입고 시험 치러 가기.

수능 1교시 언어 시험 〈표정〉

수능 언어 시험 관련한 팁을 알려드리겠습니다.

여러분이 지문을 읽다 보면 갑자기 읽히지 않을 때가 있어요. 특히 강박 관념이 많은 학생은 빨리 읽어나가야 하지요.

그렇게 긴장하다 갑자기 지문이 이해되지 않으면 어떻게 되겠어요?

당황하거나 돌아버리거든요.

그때는 응급 처치라 생각하고 이렇게 한번 해보세요.

먼저 펜을 내려놓으세요.

그리고 자세를 똑바로 하고 심호흡 크게 하는 겁니다.

그리고 내려놓은 펜을 앞니로 무세요.

그다음에는 입꼬리를 크게 올리는데 펜이 입꼬리에는 닿지 않게 하는 겁니다. 의식적으로 웃는 모습을 만드는 거예요.

이렇게 되면 긴장이나 불안감을 가질 수 없습니다.

한번 실험해 보십시오.

이 상태로 계속 있으면서 여러분이 무섭게 봤던 공포 영화나 오싹했던 경험을 떠올리는 겁니다.

마음 바꾸기보다 더 간단하고 쉬운 행동은 표정 바꾸기입니다.

마음을 바꿀 수 없다면 이런 상태로 해서 '씩'하고 웃어보는 거예요.

어떻게 될까요?

훨씬 집중도 잘되고 암기도 더 잘됩니다.

지금 말씀드리는 것은 동경대학교 심리학과에서 나온 실험입니다.

두 개의 집단을 A와 B로 나눕니다.

A 집단에 속한 구성원은 펜을 입에 물고 웃는 모습으로 신간 만화를 보게 했고요, B 집단에 속한 구성원은 무표정으로 신간 만화를 보게 했어요.

나중에 그 신간 만화에 대한 만족도를 조사했지요.

재미있는 결과가 나왔는데 A 집단에서 80%의 만족도가 나왔습니다. 그런데 B 집단은 만족도가 약 15%밖에 나오지 않았습니다.

똑같은 만화를 보더라도 내가 하는 표정에 따라서 완벽히 달라진다는 것을 분명히 인식했으면 합니다. '내가 정말 힘들거나 뭐가 안 되면 무조건 나는 볼펜을 입에 물겠다!'라고,

꼭 책상 앞에 적어놓으세요.

한줄요약

'씩'하고 웃기!

공부를 즐겁게 하려는 학생들을 위한
김종환의 편지

밧줄을 끊을 수 있는 마음을 키워야 합니다

꼬마 아이는 삼촌을 따라 서커스 구경을 하러 갔던 적이 있었습니다.

꼬마 아이에게는 너무도 놀라운 광경이 펼쳐집니다.

커다란 천막 안에서 평소에 볼 수 없었던 것들을 볼 수 있었고, 아이는 1시간이 넘는 시간 동안 입을 다물지 못하고 탄성만 외칩니다. 그런데 불편한 마음은 감출 수 없습니다.

아직 초등학교를 벗어나지 않은 꼬마 아이에게 이상한 호기심이 생겼어요.

보통 호기심이라면 설렘, 즐거움이라는 감정이 포함되는데, 처음으로 답답함, 아쉬움, 안타까움 등의 감정을 포함한 호기심입니다.

그 호기심의 범인은

코끼리!

조련사는 코끼리에게 막 소리를 질러요.
조련사는 코끼리에게 명령합니다.
조련사는 코끼리를 괴롭힙니다.

코끼리의 눈을 보았습니다.
슬퍼 보입니다.
코끼리는 덩치가 큰데 아직 아기랍니다.

꼬마는 이렇게 생각했어요.
"코끼리야, 너는 조련사보다 훨씬 덩치도 크고 힘도 셀 텐데 왜 그러고 있어? 멀리 도망가!"

코끼리는 도망가지 않습니다.

조련사 소리에 고개를 숙입니다.
조련사 명령에 앞발을 듭니다.
조련사의 괴롭힘에 슬픈 눈으로 숨을 가쁘게 몰아쉬고 있습니다.

"바보 코끼리…."

서커스에서 덩치가 큰 코끼리를 조련하는 방법 중에 하나가 태어난 코끼리를 어미와 분리하고 조련사와 함께 있게 하고, 뒷다리에 밧줄을 묶어 놓습니다. 어릴 때에는 누구나 힘이 없습니다. 이 코끼리는 아무리 발버둥을 쳐도 밧줄을 끊을 힘이 없습니다. 그렇게 코끼리는 나이가 들어가고 힘도 덩치도 커지지만, 자신을 묶어 놓은 밧줄만큼은 끊지 못합니다.

그 밧줄을 끊을 수 있는 방법을 『공부를 즐겁게 하려는 학생들을 위한 심리 수업』으로 조금씩 연습하길 바랍니다.

에필로그   219

공부를 즐겁게 하려는 학생들을 위한 심리 수업(2학기편)
ⓒ 김종환 2024

초판 발행   2024년 8월 20일

지은이   김종환
펴낸이   고진
디자인   육일구디자인
마케팅   김학홍
펴낸곳   (주)북루덴스
출판등록   2021년 3월 19일 제2021-000084호
전자우편   bookludens@naver.com
전화번호   02-3144-2706
팩스   0503-8379-4876

ISBN 979-11-986790-1-7 13370